c.c/eres

ex. bien complet
premier tirage.

lee-2me-

Legs de Marcieu 1938

B11

# MONUMENS

## DE

## LA VIE PRIVÉE

### DES

# DOUZE CESARS,

D'APRÈS UNE SUITE

DE

PIERRES GRAVÉES SOUS LEUR RÈGNE.

*A CAPRÉES*

CHEZ SABELLUS

M. DCC. LXXX.

# PRÉFACE
## *DE L'EDITEUR.*

UN long féjour à Rome m'ayant mis à même de vifiter avec la plus grande exactitude les magnifiques collections de monumens antiques de tous les genres, raffemblées dans les palais de la plupart des Princes Romains, je fus furpris d'y en trouver un grand nombre dont aucun auteur n'a fait mention, & principalement de ceux qui repréfentent des anecdotes fatyriques du règne des premiers Empereurs, ou de ces fcènes de débauche fi fcandaleufes décrites avec tant d'énergie par les auteurs contemporains.

A la vue de tant de morceaux que leur beauté & leur rareté peuvent faire regarder comme le monument le plus précieux de la perfection inimitable du travail des anciens, je fentis quel fervice je rendrois aux connoiffeurs éclairés, & aux amateurs de la belle antiquité, fi je pouvois réuffir à les mettre au grand jour.

Mais les difficultés que j'éprouvai de la part des possesseurs de ces trésors pour en avoir des copies, me firent comprendre pourquoi tant de monumens étoient restés inconnus jusqu'à présent : c'est que si leur perfection est telle, qu'on soit charmé de les posséder & de les acquérir à tout prix, les objets que la plupart représentent sont en même temps de telle nature que souvent on rougit de les montrer, ou d'avouer qu'on les possède : cependant l'amitié dont ils m'honoroient ébranla leur délicatesse, & la promesse solemnelle que je leur fis de cacher à jamais la source d'où je les avois tiré, me procura enfin la permission d'en faire l'usage que je jugerois à propos.

Je ne fus plus alors embarrassé que du choix ; mais pour ne pas entreprendre un ouvrage au-dessus de mes forces, je me bornai à choisir parmi les plus belles pierres celles qui font allusion à des traits de la vie publique ou particulière des douze premiers Césars, afin de donner, dans une espèce de galerie, une suite de tableaux qui repréfenteroient leurs plaifirs, leurs paffions, & fur-tout leurs débauches. Perfonne n'ignore quelle fut leur dépravation & leur luxe; & tant d'auteurs ont écrit l'hiftoire fcandaleufe de leurs vies, & détaillé la corruption qui régnoit dans leurs cours, que la vue de ces monumens que j'offre aux Lecteurs ne leur apprendra rien de nouveau: mais quelle idée n'en prendront-ils pas de l'excellence du travail des anciens artiftes, qui, comme on a eu fouvent lieu de l'obferver, ne déployoient jamais tant de force & de délicateffe que dans les fujets fatyriques ou voluptueux ?

La plupart font des camées très-bien confervés, auxquels j'ai joint quelques médailles & quelques peintures dont les fujets étoient relatifs à mon plan: les deffins qui en ont été tirés font très-exacts, & l'artifte diftingué, qui a bien voulu employer fes talens à les graver, a rendu les copies avec une vérité & une fidélité dont les feuls connoiffeurs de l'antique font en état de fentir le prix.

## PREFACE

J'ai donné une courte explication de chaque sujet, où je cite les passages des anciens auteurs auxquels l'antique fait allusion, ou qui rapportent l'anecdote qui a donné lieu à la gravure, & je me suis contenté d'y ajouter ce que les auteurs les plus célèbres & sur-tout les poëtes nous ont laissé de relatif au sujet traité dans le monument.

L'on sera peut-être surpris en parcourant ces explications de n'y point trouver cet étalage d'érudition & de critique avec lequel la foule des commentateurs prétend éclaircir, & dans le fait, obscurcit bien souvent les monumens de l'antiquité : effectivement l'on n'y trouvera pas la plus légère discussion sur la vérité des anecdotes que ceux-ci représentent, ni aucune particularité sur les artistes qui nous les ont transmis : laissant aux commentateurs de Velleius Paterculus, de Suétone & de Tacite le soin de vérifier les faits, je les présente comme avérés & authentiques ; & sans me tourmenter à chercher pourquoi Pline, dans le chapitre de son histoire naturelle où il parle des excellens artistes en tous genres, ne fait pas mention de la plupart des graveurs que je cite, je me contente de préfenter des monumens de leur habileté qui prouvent affez que Pline ne s'eft pas piqué de la plus grande exactitude.

Il eft aifé de fentir que des fujets tels que ceux-ci n'étoient pas fufceptibles d'un commentaire bien févère; mais fi je me fuis écarté de la méthode qu'auroient fuivie les Scaliger & les Saumaife, j'efpère qu'on me faura gré de m'être pareillement écarté de celle qu'auroit vraifemblablement fuivi l'Aretin, & qui auroit peut-être paru à beaucoup de Lecteurs plus analogue au fujet : je n'ai pas eu la fotte prétention d'inftruire perfonne, je n'ai point deftiné cet ouvrage *ad ufum* d'aucun Prince, encore moins d'aucune Princeffe, je n'ai voulu qu'amufer un moment les gens de goût; & fi quelque cenfeur, ennemi des beaux arts & des plaifirs, me blâmoit d'avoir mis au jour cet ouvrage, & d'avoir tiré de leur obfcurité ces monumens que je préfente ici, fans chercher à me juftifier par les commentaires & les traductions fans nombre qu'on a donné de Pétrone, d'Ovide, de Martial & de Juvénal, je demande grace en faveur de ce qu'il y a de véritablement utile dans mon ouvrage; c'eſt l'hiſtoire des moeurs, des rites & des coutumes qui y eſt détaillée avec tout le ſoin poſſible: c'eſt la peinture que j'y ai tracée de l'abus que ces premiers Empereurs, trop bien imités par leurs ſucceſſeurs, faiſoient de la puiſſance redoutable dont ils étoient revêtus: c'eſt l'eſclavage d'un peuple libre, l'humiliation des conquérans de la terre, & l'affreuſe dépravation qui s'introduiſit dans la patrie des Fabricius & des Catons, & qui bientôt ſe répandit dans tout l'empire. Je puis aſſurer que j'ai ſuivi toutes ces viciſſitudes, & que je n'ai rien négligé de ce qui pouvoit être digne d'être remarqué.

TABLE

# TABLE
## DES PLANCHES.

*Nota.* Il y a une feuille d'explications pour chaque Planche numérotée, à l'exception de la Planche N. 38 qui a une explication commune avec la Planche N. 37.

*LE Temple des Grâces.* **Frontispice.**
N. I. *César à la cour de Nicomède.* **Médaille.**
II. *César à qui Servilie présente sa fille Tertia.* **Camée** d'Arellius Romain.
III. *La femme de César avec Clodius.* **Médaille.**
IV. *César met une couronne sur la tête de Cléopatre.* **Camée** d'Arellius.
V. *César avec une couronne allégorique.* **Camée** d'Arellius.
VI. *Auguste & son grand-oncle César.* **Camée** d'Arellius.
VII. *Auguste & Livie.* **Camée** d'Apollonius de Sicyone.
VIII. *Auguste avec sa fille Julie.* **Camée** d'Apollonius.
IX. *Auguste à qui Livie présente deux jeunes filles.* **Camée** d'Artemon de Rhodes.
X. *Auguste sous l'habit d'Apollon, soupe avec six Déesses.* **Camée** d'Epitincanus d'Athènes.

N. XI. *Marc Antoine & Cléopatre sur un vaisseau.* Médaille.

XII. *Cléopatre, à table avec Marc Antoine, avale une perle.* Camée d'Artemon.

XIII. *Marc Antoine habillé en Hercule, & la danseuse Cythéris en Iole.* Camée d'Arellius.

XIV. *Auguste avec Fulvie femme de Marc Antoine.* Camée d'Arellius.

XV. *Auguste avec la femme de Mécène, qui fait semblant de dormir.* Camée d'Arellius.

XVI. *Tibère avec ses mignons & ses femmes.* Médaille.

XVII. *Tibère dans son jardin.* Peinture antique.

XVIII. *Tibère nage entouré d'enfans.* Peinture antique.

XIX. *Tibère & le tableau d'Atalante & de Méléagre.* Camée de Lysias de Corinthe.

XX. *Tibère assiste à un sacrifice, & s'enflamme pour deux jeunes hommes.* Camée de Lysias.

XXI. *Tibère assis avec une troupe de femmes perdues.* Camée de Térence affranchi.

XXII. *Tibère & Mallonie.* Médaille.

XXIII. *Caligula couché avec sa sœur Drusille.* Médaille.

XXIV. *Caligula au milieu de ses trois sœurs.* Médaille.

XXV. *Caligula devient amoureux de la femme de Pison.* Médaille.

XXVI. *Caligula fait voir Césonia toute nue à ses amis.* Camée d'Apollodore de Mesène.

# DES PLANCHES.

N. XXVII. *Caligula au milieu de deux jeunes gens, &c.* Médaille.

XXVIII. *Caligula donne le mot de guerre à Cassius Cherea.* Camée d'Apollodore.

XXIX. *Messaline femme de Claude épouse Silius.* Méd.

XXX. *Messaline se déguise pour aller dans un mauvais lieu.* Camée de Craterus grec de nation.

XXXI. *Messaline consacre à Priape quatorze couronnes de myrthe.* Camée de Pythodore de Tralles.

XXXII. *Néron abuse de la vestale Rubiria.* Camée d'Epitincanus.

XXXIII. *Néron en chaise avec sa mère Agrippine.* Médaille.

XXXIV. *Néron épouse Sporus.* Médaille.

XXXV. *Néron en fille, & Diophorus.* Camée de Craterus.

XXXVI. *Néron, une femme & trois mignons.* Camée de Pythodore.

{ XXXVII. *Néron sort de la grotte de l'amphithéatre couvert d'une peau d'ours.* Camée de Craterus.

XXXVIII. *Néron & Doryphorus.* Médaille. }

XXXIX. *Agrippine offre ses charmes à son fils.* Camée de Néron affranchi.

XL. *Othon avec une vieille & Néron.* Camée de Parthénius d'Athènes.

N. XLI. *Othon & Néron à table avec Poppée.* Peinture antique.

XLII. *Othon préfente fa femme Poppée à Néron.* Camée de Parthénius.

XLIII. *Othon & Néron à table fervis par des filles & des garçons tout nus.* Camée de Pythodore.

XLIV. *Vitellius jeune encore avec Tibère.* Camée de Craterus.

XLV. *Vitellius & Afiaticus fon affranchi.* Camée de Parthénius.

XLVI. *Titus à table avec la Reine Bérénice.* Camée de l'affranchi Néron.

XLVII. *Titus faifant fes adieux à la Reine Bérénice.* Médaille.

XLVIII. *Domitien entre Domitia fa femme, & Julie fa nièce.* Camée de Parthénius.

XLIX. *Domitien aux genoux de Julie.* Médaille.

L. *Domitien qui nage au milieu d'une troupe de femmes.* Peinture antique.

Fin de la Table.

N.1.

# N. I.

## *César, jeune encore, à la cour de Nicomède, roi de Bithynie.*

Médaille.

PERSONNE n'ignore que César fut peut-être le plus grand homme que Rome ait produit: grand général, guerrier intrépide, génie vaste & entreprenant, écrivain délicat, politique sublime, orateur véhément, il réunit toutes les qualités & tous les talens. Il fut de plus parfaitement bien fait, magnifique, libéral, très-galant, aussi étoit-il l'idole de toutes les dames romaines, dont les amans & les maris ne le craignoient pas moins que ses ennemis; & l'on disoit assez communément de lui, qu'il étoit le mari de toutes les femmes, & la femme de tous les maris. Ce bon mot de Curion étoit sur-tout fondé sur l'histoire déshonorante, que des ennemis de César firent graver probablement sur cette médaille. César, étant encore jeune, vint à la cour de Nicomède, roi de Bithynie; il avoit besoin de ce prince, &, pour gagner ses bonnes graces, il n'eut pas honte de lui prostituer la fleur de sa jeunesse. Ciceron, dans une lettre, décrit cette scène de débauche : *A satellitibus in cubiculum regium eductus, in aureo lecto, veste purpureâ decubuisse, accepimus*, dit-il, *floremque aetatis à venere orti in Bithynia contaminatum.* Les Romains, quoique très-passionnés pour ce genre de débauche, ne la pardonnèrent jamais à César. Licinius Calvus afficha publiquement les vers suivans :

> Bithynia quidquid
> Et paedicator Caesaris umquam habuit.

Dolabella & Curion le père l'appelloient *pellicem reginae, spondam interiorem regiae lecticae, stabulum Nicomedis, & bithynicum fornicem.* Ciceron ne cesse de plaisanter là-dessus; & un jour que César défendoit avec beaucoup de chaleur la cause de Nysa fille de Nicomède, & qu'il rappelloit tous les bienfaits dont ce prince l'avoit comblé, il l'interrompit en lui disant, *remove istaec oro te : quando notum est, & quid ille tibi, & quid illi tu dederis.* Mais ce qui flétrira dans tous les siècles le nom de ce grand empereur, ce sont ces vers de Catulle :

> Pulchre convenit improbis cinaedis
> Mamurrae pathicoque, Caesarique;
> Nec mirum : maculae pares utrisque,
> Urbana altera, & illa formiana,
> Impressae resident, nec eluentur.
> Morbosi pariter, gemelli utrique,
> Uno in lectulo, erudituli ambo :

> Non hîc, quam ille, magis vorax adulter :
> Rivales focii puellularum.
> Pulchre convenit improbis cinaedis.

Le même poëte s'étoit déja déchaîné contre César dans cette autre épigramme :

> Quis hoc potest videre, quis potest pati, &c.

Et ce prince avouoit que Catulle *versiculis de Mamurra sibi perpetua stigmata imposuerat.* Cependant il lui pardonna, & sur une légère excuse, il l'invita à souper chez lui le même jour. Ceci est une preuve de la bonté de César, & de la liberté qui régnoit à Rome ; mais rien ne peut nous en donner une idée plus juste que les couplets méchans qui étoient chantés publiquement par les soldats pendant qu'ils suivoient le char du vainqueur le jour qu'il triompha des Gaules :

> Gallias Caesar subegit, Nicomedes Caesarem :
> Ecce Caesar nunc triumphat, qui subegit gallias :
> Nicomedes non triumphat, qui subegit Caesarem.

Le talent de la satyre fut particulier aux Romains : *Satyra quidem tota nostra est*, disoit Quintilien. Personne n'étoit épargné sur-tout au théatre, où les mimes lançoient des traits contre tout le monde : Laberius s'y distingua, & partagea avec Publius Syrus les applaudissemens de Rome. Ce dernier étoit préféré par

César que l'extrême liberté de Laberius piquoit jusqu'au vif. Ce furent les vers suivans que Laberius déclama lui-même, qui blessèrent le dictateur, cependant il les récompensa :

> Porrò Quirites ! libertatem perdimus :
> Necesse est multos timeat, quem multi timent :
> Summum ad gradum quum claritatis veneris
> Consistes aegre, & citius quam ascendisti decides.
> ( *Laber. frag.* )

N.2.

# N. II.

## César à qui Servilie présente sa fille Tertia.

### Camée d'Arellius, romain.

CESAR étoit ardent dans les plaisirs, & l'argent ne lui coûtoit rien pour satisfaire le penchant qui l'y entraînoit : les femmes les plus distinguées étoient celles qu'il se faisoit gloire de séduire; telles furent Postumia femme de Servius Sulpitius, Lollia femme d'Aulus Gabinius, Tertulla de Marcus Crassus, & Mucia femme du grand Pompée, lequel en gémissant appelloit César l'Egiste de sa maison : mais celle qui eut toujours la préférence, & qu'il aima le plus constamment, ce fut Servilie sœur de Caton, & mere de M. Brutus. L'on raconte qu'un jour étant au sénat au moment où l'on y délibéroit sur la conjuration de Catilina, on lui remit un billet avec beaucoup de mystère, mais pas assez secrétement pour que Caton ne s'en apperçût; & comme il étoit un peu suspect, Caton très-rigide exigea qu'on lût ce papier publiquement : César voyant après beaucoup de difficultés qu'il ne pouvoit vaincre l'obstination de Caton le lui donna;

celui-ci fut bien surpris d'y trouver, au lieu des détails sur la conjuration, une lettre galante & d'y voir le nom de sa soeur, il rougit, & le rendant à César « tiens ivrogne » lui dit-il tout en colère. Malgré les fréquentes infidélités que César faisoit à Servilie, il lui fut toujours tendrement attaché, il lui fit présent pendant son dernier consulat d'une perle estimée six millions de sesterces, & après la guerre civile il lui fit adjuger, à un prix très-modique, des terres considérables confisquées sur les proscrits : tout le monde étoit surpris d'une telle prodigalité envers une femme de son âge ; & ce fut alors que Ciceron dit très-spirituellement : *Quo melius emptum sciatis ; Tertia deducta est.* C'est que le bruit couroit que Servilie, ne se fiant plus à ses charmes, & craignant de perdre son amant, lui avoit présenté sa fille Tertia qui étoit une beauté parfaite, & à qui César donna les premières leçons de la volupté.

> Scilicet exspectas, ut tradat mater honestos,
> Atque alios mores, quàm quos habet?
> (*Juven. Sat.* 6.)

Sans doute que César, passionné pour toutes sortes de plaisirs, ne s'en tint pas toujours à la jouissance des femmes mariées, & qu'il voulut connoître aussi celui de donner les premières leçons du plaisir amoureux aux filles de ses amies : bien éloigné de penser là-dessus, & peut-être sur bien d'autres points, comme un auteur célèbre, (l'auteur d'Emile) il croyoit que ce qui, dans tous les temps & dans tous les pays, a été regardé comme le comble de la volupté, ne pouvoit être qu'une voix de la nature, *& non de l'opinion, & de l'opinion la plus vile*, & vraisemblablement le goût du plus voluptueux des Romains aura plus de partisans que celui du philosophe de Genève. Parmi une foule d'anciens & de modernes, qui ont été de l'avis de César & qui ont essayé de décrire un moment si plein de charmes, aucun, selon nous, n'approche de Musée dans son admirable poëme de Léandre & Héro, qu'il faudroit lire en entier dans l'original. Cet amant, après avoir plaidé sa cause & celle de son amour avec une éloquence enflammée, parvint enfin à persuader sa belle maîtresse.

Sic fatus persuasit recusantis mentem puellae
Animum amoriperis errare faciens verbis :
Virgo autem muta in terram fixit aspectum
Pudore rubefactam abscondens genam,
Et terrae trivit summitatem in vestigiis : cum pudore autem
Saepe circa humeros suam contraxit vestem,
Persuasionis etiam haec omnia praenuntia : virginis autem
Persuasae ad lectum promissio est silentium........

Urebatur autem cor dulci igni virgo hero. . . . . . .
Sic quidem clandestinis nuptiis constituebant misceri. . . . .
A se invicem separati sunt necessitate. . . . . .
Totamque noctem conjugum clandestina desiderantes certamina
Saepe optarunt venire cubiculum ornantem noctem. . . . . .

**Léandre se met en mer, il arrive tout essoufflé, tout mouillé : Héro l'embrasse,**

Adhuc autem anhelantem altè stratis in lectis
Sponsum circumfusa blanda emisit verba. . . . .

**Elle le console, lui fait mille tendres caresses**

Sic illa locuta est, ille verò statim solvit zonam
Et leges inierunt benevolae Veneris . . . . &c. &c.

N.3

# N. III.

*La femme de César avec Clodius, qui, habillé en femme, pénétra dans la maison où l'on célébroit les mystères de la bonne Déesse.*

Médaille.

UNE des plus célèbres aventures du temps de César, ce fut l'histoire de Pompéia sa femme & de Clodius, qui fait le sujet de cette belle médaille. Clodius étoit un jeune romain de la plus haute naissance, & de la plus belle figure ; mais d'une pétulance si effrénée, & si déréglé dans ses mœurs, qu'il étoit publiquement accusé d'abuser de ses trois sœurs. Il étoit devenu amoureux de Pompéia femme de César, qui ne le haïssoit pas, mais elle étoit gardée à vue par Aurélie sa belle-mère, & les deux amans se consumoient en desirs inutiles : aucune de leurs tentatives n'ayant réussi, l'amour leur suggéra un stratagème dont jamais on ne s'étoit avisé. Tout le monde sait que les sacrifices de la bonne Déesse étoient si respectés des Romains, que les seules matrones avoient le droit de les célébrer, & qu'il n'étoit permis à aucun homme de s'en mêler ; on chassoit même de la maison où l'on les célébroit, tout animal qui n'étoit pas femelle, & l'on poussoit le scrupule au point de couvrir tous les tableaux & les statues. Clodius, jeune, beau, & sans barbe, s'habilla en femme, & à l'heure convenue il se présenta à la porte de la maison de César où les Dames étoient assemblées pour la fête. Une femme de chambre de Pompéia que les amans avoient mis dans leur confidence, se trouva à la porte pour le recevoir : il fut introduit ; & pendant que cette femme le quitta pour aller avertir sa maîtresse, Clodius impatient voulut pénétrer plus avant, mais il fut rencontré par une femme d'Aurélie, qui, le prenant pour une personne de son sexe, voulut badiner avec lui : Clodius se trouble, l'autre se doute de quelque chose, le questionne, & le voyant interdit, le fait enfin parler ; alors son trouble & sa voix le trahirent, & il fut découvert. Les matrones effrayées d'une telle hardiesse & d'une profanation si sacrilège, couvrent d'un voile l'autel de la Déesse, chassent Clodius avec toutes sortes d'imprécations, & sortant de la maison, elles allèrent révéler cette horreur à leurs maris. Le scandale & l'indignation furent si grands, qu'on accusa aussi-tôt Clodius, & il auroit sûrement succombé sans l'assistance de Pompée & de César lui-même, qui déclara qu'il n'avoit aucune connoissance de cette affaire, mais qui cependant répudia Pompéia peu de temps après ; & comme ses amis lui demandoient pourquoi il répudioit sa femme s'il la croyoit innocente, ce fut alors qu'il leur fit cette célèbre réponse « que la femme de César ne » devoit pas même être soupçonnée ».

Ces sacrifices de la bonne Déesse furent, dans leur première institution, ce qu'il y avoit à Rome de plus respectable ; mais peu à peu les moeurs dégénérèrent, & ces assemblées nocturnes ne servirent plus qu'à couvrir les déréglemens des femmes ; & la dépravation fut telle que, lors même qu'on célébroit ces sacrifices dans la maison du grand Pontife, du Consul, ou du Préteur avec toutes les solemnités accoutumées, & que les matrones y étoient assemblées pour prier pour la république & l'empire, l'on en abusoit à l'exemple de Clodius & de Pompéia.

Atque utinam ritus veteres & publica saltem
His intacta malis agerentur sacra ! sed omnes
Noverunt mauri atque indi, quae psaltria penem
Majorem quam sunt duo Caesaris anticatones
Illuc, testiculi sibi conscius unde fugit mus,
Intulerit, ubi velari pictura jubetur,
Quaecumque alterius sexus imitata figuram est.

Et quis tunc hominum contemtor numinis ? aut quis
Simpuvium ridere Numae, nigrumque catinum,
Et Vaticano fragiles de monte patellas
Ausus erat ? Sed nunc ad quas non Clodius aras ?
( *Juven. Sat. 6.* )

On a soupçonné avec raison que cette bonne Déesse des Romains étoit la Vénus Uranie ou céleste des Grecs : Pausanias rapporte que *Aegiratae prae ceteris Diis religiosissimè celestem Venerem colunt, in cujus aedem penetrare viris nefas.*

Le vin étoit défendu dans les fêtes d'Uranie aussi bien qu'à celles de la bonne Déesse ; & Selden dans son ouvrage sur les Dieux des Syriens, nous fait remarquer les mêmes cérémonies, les mêmes formules, la même décence qui régna au commencement dans les sacrifices de la Vénus céleste, & puis l'affreuse profanation qui s'y glissa & toutes les horreurs qui s'y commettoient, comme il arriva à Rome à l'égard de la bonne Déesse :

Damnosa quid non imminuit dies ?   ( *Horat.* )

Il faut lire dans Apulée, & sur-tout au livre VIII de ses transformations, l'histoire des crimes, des honteuses débauches, & de tous les excès des prêtres de la Déesse Syrienne ; leurs fêtes, leurs sacrifices & leur temple n'étoient qu'abominations & désordres.

O sanctas gentes !

N.4.

# N. IV.

## *César met une couronne sur la tête de Cléopatre, qui lui offre ses charmes.*

Camée d'Arellius.

CESAR fit la guerre pendant dix ans dans les Gaules : ses premières expéditions militaires, ses emplois, & la guerre civile l'obligèrent de passer un temps très-considérable loin des délices de Rome & des maîtresses qu'il y avoit; mais un homme aussi bien fait & aussi galant, ne pouvoit vivre sans amour & sans faire des conquêtes : par-tout où sa haute destinée l'entraînoit, par-tout où il porta la guerre il triompha de ses ennemis & des belles, & ses soldats l'en plaisantoient fort librement dans le temps qu'ils suivoient son char de triomphe après la conquête des Gaules.

 Urbani servate uxores, moechum calvum adducimus.
 Aurum in Galliâ effutuisti : heic sumpsisti mutuum.

Il aima aussi des Reines, & entr'autres Eunoé, reine de Mauritanie ; mais la fameuse Cléopatre reine d'Egypte fut celle dont il fut le plus épris : cette femme célèbre avoit autant d'esprit, de coquetterie, & de ruses qu'elle étoit pourvue d'attraits ; elle triompha de César dès la première vue, & ce héros fut son esclave pendant tout le temps qu'il vécut ; il lui fit présent du royaume d'Egypte au préjudice de son frère Ptolomée, il essuya pour elle une guerre très-dangereuse où il faillit périr, il eut d'elle un fils qu'il fit nommer Césarion, enfin il la fit venir à Rome, la combla d'honneurs & de présens, & il fut sur le point de l'épouser publiquement ; mais forcé par l'horreur que les Romains témoignèrent pour une telle alliance, il la renvoya en Egypte, & peut-être jamais César n'eut besoin de plus de courage que dans cette cruelle occasion : ils étoient dignes l'un de l'autre ; Cléópatre étoit la plus belle femme de son temps, & la pierre gravée qu'on donne ici exprime très-naïvement sa victoire & les armes dont elle se servit pour subjuguer le plus grand des Romains. La fable nous a transmis les foiblesses d'Hercule pour Omphale & pour Iole, mais l'histoire de Cléopatre est bien d'une autre force pour nous convaincre de la puissance tyrannique de la beauté & des charmes d'une femme aimable sur le cœur de l'homme :

Di boni ! quid hoc morbi est ? Adeon' homines immutarier
Ex amore, ut non cognoscas eumdem esse ?

s'écrioit Parménon dans l'Eunuque de Térence; mais c'est Lucain qu'il faut écouter sur ce sujet, lorsqu'il raconte la première entrevue de César & de Cléopatre :

> Quem formae confisa suae Cleopatra, sine ullis
> Tristis adit lacrymis; simulatum comta dolorem,
> Quem decuit, veluti laceros disperfa capillos......

### Elle plaide sa cause :

> Ne quidquam duras tentasset Caesaris aures,
> Vultus adest precibus, faciesque incesta perorat,
> Exigit infandam corrupto judice noctem :
> Pax ubi parta duci, donisque ingentibus empta est
> Excepere epulae tantarum gaudia rerum,
> Explicuitque suos magno Cleopatra tumultu
> Nondum translato romana in saecula luxu......
> Discit opes Caesar spoliati perdere mundi.

### Toujours les femmes ont su profiter de la foiblesse de leurs amans :

> Quid mirare, meam si versat femina vitam ?
>    Et trahit addictum sub sua jura virum ?
> Colchis flagrantes adamantina sub juga tauros
>    Egit, & armigera proelia sevit humo,
> Custodisque feros clausit serpentis hiatus,
>    Iret ut Aesonias aurea lana domos.
> Ausa ferox ab equo quondam oppugnare sagittis
>    Maestis Danaum Penthesilea rates.
> Aurea cui postquam nudavit cassida frontem,
>    Vicit victorem candida forma virum.

Omphale in tantum formae processit honorem,
 Lydia Gygaeo tincta puella lacu,
Ut, qui pacato statuisset in orbe columnas,
 Tam dura traheret mollia pensa manu, &c. &c.
(*Propert. lib.* 3, *Eleg.* 11.)

N.5.

# N. V.

*César avec une couronne obscène, tellement arrangée qu'il y ait de la ressemblance avec une couronne de laurier.*

Camée d'Arellius.

LES plus grands hommes ne sont pas sans défauts : un célèbre écrivain de nos jours ( M. de Voltaire ) parlant d'un ouvrage assez ridicule que M. Newton avoit fait sur l'apocalypse, dit avec autant d'esprit que de raison, que ce grand génie avoit fait un mauvais livre pour consoler les hommes de la supériorité qu'il avoit sur eux. César fut un héros ; mais sa passion pour les femmes lui fit faire bien des fautes, & cette foiblesse étoit suivie du ridicule d'être trop recherché dans sa parure, dans ses habits, & dans toute sa contenance : Sylla qui le connut de bonne heure, disoit de lui à ses amis, *malè praecinctum puerum cavete.* Il soignoit extrêmement ses cheveux, & ne pouvoit souffrir qu'on lui reprochât d'être chauve ; aussi de tous les décrets que fit le sénat en son honneur, aucun ne le flatta davantage que la permission de porter toujours une couronne de laurier : il ne la quitta jamais, cachant par-là cette difformité. C'est bien ici le lieu de s'écrier avec Perse :

<small>O Coecas hominum mentes, o pectora vana !</small>

C'est sans doute pour faire allusion à sa vanité & à son extrême lubricité, que l'ingénieux graveur a transformé cette couronne de laurier en une couronne composée de figures obscènes ; & pour justifier encore mieux le caprice du graveur satyrique, nous ajouterons avec Plutarque, Dion & Suétone que le tribun Helvius Cinna eut ordre de César de publier une loi par laquelle il lui étoit permis d'avoir autant de femmes qu'il voudroit, & de choisir toutes celles qui lui plairoient. C'étoit, dit-on, pour se procurer des enfans ; mais le prétexte étoit bien frivole, & l'adoption qu'il fit d'Octave en fait connoître la fausseté : *Ita libidinosis serviebat amoribus, ut cum aliis quam plurimis mulieribus, in quas incidisset, consuetudinem haberet.* ( Dion Cassius. )

César auroit eu bien plus de raison qu'Ovide de dire :

<small>Non est certa meos quae forma incitet amores,
   Centum sunt causae cur ego semper amem.</small>

Sive aliqua eſt oculos in me disjecta modeſtos
 Uror, & inſidiae ſunt pudor ille meae.
Sive procax aliqua eſt, capior, quia ruſtica non eſt,
 Spemque dat in molli mobilis eſſe toro.
Aſpera ſi viſa eſt, rigidaſque imitata ſabinas
 Velle, ſed ex alto diſſimulare puto.
Sive eſt docta, placet raras dotata per artes,
 Sive rudis, placita eſt ſimplicitate ſua......
Molliter incedit, motu capit, altera dura eſt,
 At poterit tacto mollior eſſe viro.
Haec quia dulce canit, flectitque facillimè vocem
 Oſcula cantanti rapta dediſſe velim.....
Illa placet geſtu, numeroſaque brachia ducit,
 Et tenerum molli torquet ab arte latus....
Haec habilis brevitate ſua eſt, corrumpor utraque
 Conveniunt voto longa, breviſque meo....
Denique quas tota quiſquam probat urbe puellas,
 Noſter in has omnes ambitioſus amor......
      ( *Ovid. Amor. lib.* 2.)

Au reſte, ceux qui ſoutiennent que les grandes qualités de l'ame ſont incompatibles avec les foibleſſes & les vices des galans, ſont démentis par l'exemple de Céſar chez les Romains, & d'Alcibiade chez les Athéniens ; celui-ci, comme Céſar, joignit toutes les vertus d'un héros à la molleſſe du plus voluptueux des hommes : éloquent à Athènes, grave & ſobre à Lacédémone, plongé dans la débauche chez les Ioniens, magnifique auprès de Tiſſapherne, charmant aux pieds des belles, terrible à la tête des armées, il avoit tous les caractères ; auffi Plutarque dans fa vie dit « qu'on lui avoit donné le furnom de » Caméléon ».

N.6.

# N. VI.

## *Auguste qui se prostitue à son grand-oncle César.*

Camée d'Arellius.

César n'avoit point d'enfans, & le jeune Octave étoit son plus proche parent : il étoit fils d'Atia qui avoit pour mère Julie soeur du dictateur & femme d'Atius Balbus. Il se fit aimer de son grand-oncle par son esprit, sa douceur & son activité à la guerre malgré la foiblesse de son tempérament. Sa complaisance pour celui de qui il attendoit un sort si brillant fut sans bornes, & il acheva de gagner ses bonnes graces en se prostituant à un oncle ardent pour tous les genres de voluptés. Sextus Pompéius reprocha dans la suite à Octavien sa mollesse ; & Marc-Antoine & son frère Lucius publièrent dans leurs lettres, qu'il n'avoit été adopté par César qu'à cette infame condition. Quelque déshonorante que soit cette histoire pour l'oncle & le neveu, on ne peut se refuser à son authenticité. Outre l'autorité de Suétone, de Dion & d'autres auteurs, qui ne connoît pas l'extrême lubricité de César, & l'ambition effrénée d'Octave ? Lui, qui foula aux pieds toutes les loix, qui massacra ses amis & ses bienfaiteurs, & ne cessa de répandre le sang pour s'assurer l'empire, peut-il être soupçonné de s'être refusé à des complaisances qui alloient décider de sa future grandeur ? Les Romains en étoient si persuadés qu'un jour que cet Empereur assistoit au spectacle, tout le peuple applaudit & lui appliqua ce vers :

Videsne ut Cinaedus orbem digito temperet ?

D'ailleurs personne n'ignore l'extrême passion des anciens Grecs & Romains pour les plaisirs contre nature ; & ce qu'il y a de plus horrible, c'est que bien loin qu'il paroisse qu'ils y aient attaché la moindre honte, il paroît au contraire qu'ils en faisoient gloire. Les rois d'Asie n'avoient presque que du mépris pour les femmes ; & Bagoas, cet eunuque qui avoit été chéri de Darius, vit encore Alexandre brûler pour lui des mêmes feux : Ephestion fut les délices du même héros : César se prostitua à Nicomède : Trajan, le modèle des souverains, étoit suivi dans ses expéditions militaires par une troupe de jeunes enfans destinés à ses plaisirs : Antinoüs, rival de l'impératrice Sabine, mais rival heureux & préféré, fut pleuré sans retenue par Hadrien, qui, après l'avoir adoré pendant sa vie, lui fit élever des temples après sa mort, & lui consacra des prêtres, des autels & des villes entières. Et les philosophes & les législateurs eux-mêmes? Qu'on lise les dialogues de Lucien, & sur-tout celui des amours, où les pédérastes ne manquent pas de se justifier par l'exemple de Ganimède, de Hiacinthe & d'Hilas les trois mignons de Jupiter, d'Apollon & d'Hercule. Il y avoit chez les Romains des lieux publics remplis de jeunes gens des deux sexes, renfermés dans des chambres séparées; les filles y paroissoient sous l'habit des garçons, & les garçons prenoient celui des femmes, chacun déguisoit son sexe pour l'outrager, rien n'étoit plus fréquent & plus commun. Virgile, le chaste Virgile, qu'on appelloit *Parthenios*, étoit passionné pour le jeune Alexandre, qu'il a immortalisé sous le nom d'Alexis. Horace brûla pour Lycidas:

> Quo calet juventus nunc omnis.

Pour Gygès:

> Quem si puellarum insereres choro,
> Mirè sagaces falleret hospites
> Discrimen obscurum, solutis
> Crinibus ambiguoque vultu.

Pour Ligurinus, pour Lyciscus:

> Nunc, gloriantis quamlibet mulierculam
> Vincere mollitie,
> Amor Lycisci me tenet.

Et pour mille autres, comme il le dit au même endroit :

> Amore, qui me, praeter omnes, expetit
> Mollibus in pueris
> Aut in puellis urere.
> *( Horat. Od. 1 & 10, lib. 4, Od. 11, lib. 5.)*

Mais celui à qui ses amours, sa gaieté, son goût & son âge ont acquis l'immortalité, ce fut l'aimable Anacréon : il aima Bathylle au-delà de toute expression, & jamais femme ne pourra se flatter d'avoir un amant aussi passionné ; il faudroit transcrire ici toutes ses belles chansons, & sur-tout la dixieme où il fait le portrait de son charmant ami. Catulle depuis célébra les baisers de Juvencius avec un sentiment de volupté si touchant, qu'une femme en pourroit être jalouse, & Martial en fait de même dans plusieurs de ses épigrammes, & principalement dans la neuvieme du livre II :

*Les baisers de mon ami sont*, dit-il, *bien plus doux que tous les parfums, plus charmans que les fleurs, plus précieux que les perles, & plus délicats que toutes les caresses d'une jeune fille.*

> Singula quid dicam ? non sunt satis, omnia misce
> Hoc fragrant pueri basia mane meï.

Un amant qui venoit de passer la nuit avec son mignon, s'écrie dans Pétrone :

> Qualis nox fuit illa Dii, Deaeque,
> Quam mollis thorus ! haesimus calentes,
> Et transfudimus hinc, & hinc labellis
> Errantes animas. Valete curae,
> Mortalis ego sic perire coepi.

N.7.

# N. VII.

## *Auguste & Livie.*

#### Camée d'Apollonius de Sicyone.

AUGUSTE eut pour les femmes beaucoup de foiblesse, & ses amis ne pouvant le nier, disoient pour l'excuser que c'étoit moins pour satisfaire son penchant aux plaisirs de l'amour, que pour découvrir, par le moyen de ses maîtresses, les complots de ses ennemis. Assurément voilà un excellent moyen de faire servir la volupté à la politique : ce n'est pas ainsi que l'entendoit Marc-Antoine, & il répondoit à Auguste, qui lui avoit écrit pour lui reprocher ses amours avec la reine Cléopatre, *Quid te mutavit ? quòd reginam ineo ? tu deinde solam Drusillam inis ? ita valeas uti tu hanc epistolam quum leges, non inieris Tertullam, aut Terentillam, aut Rusillam, aut Salviam Titisceniam, aut omnes. Anne refert ubi & in quam arrigas ?* Cette Drusille, qui est nommée la premiere, est la fameuse Livie, femme de Tibere Néron, qui avoit été un des amis d'Antoine : Auguste en devint passionnément amoureux, & Tibere la lui céda quoiqu'elle fût grosse de six mois. L'on plaisanta beaucoup sur cet empressement de l'Empereur; & un jour qu'ils étoient tous à table, & que Livie étoit couchée près d'Auguste, un de ces enfans nus, que les matrones élevoient pour servir à leurs plaisirs, s'approchant de Livie, *quid agis hic Domina*, lui dit-il, *ecce enim maritus tuus* ( *Neronem monstrabat*) *illic est*. Livie accoucha peu de temps après, & l'on disoit publiquement à Rome que les gens heureux avoient des enfans après trois mois de mariage, ce qui passa même en proverbe. Un historien dit qu'Auguste fut obligé de caresser sa femme *more pecudum* à cause de sa grossesse; & c'est à cette luxurieuse attitude que fait allusion le Camée d'Apollonius, graveur célèbre du temps d'Auguste. L'état où étoit Livie peut, il est vrai, avoir rendu cette posture nécessaire, mais il paroît qu'elle étoit en tout temps du goût des anciens, soit qu'ils crussent, ainsi que l'indique Lucrece, *lib*. 4, que cette attitude étoit favorable à la génération,

Nam more ferarum
Quadrupedumque magis ritu, plerumque putantur
Concipere uxores, quia sic loca sumere possunt,
Pectoribus positis, sublatis femina lumbis.

soit plutôt qu'ils la préférassent par un rafinement de volupté. Les postures les plus recherchées, les moins naturelles souvent, ont paru en tout temps à quelques débauchés, augmenter le plaisir de la jouissance, & il y a eu des poëtes & des peintres qui n'ont pas craint d'employer leurs talens à les décrire ou à les peindre : Eléphantis chez les anciens, l'Aretin chez les modernes, se sont signalés par leurs descriptions de ces infames scènes, & Jules-Romain, le Titien, le Carache, qui tiennent le premier rang parmi les peintres, en ont fait des tableaux; mais il faut convenir que l'imagination va encore au-delà de la possibilité réelle : le cœur ne met point de bornes à ses desirs, l'esprit seconde toujours l'illusion, heureusement qu'il échoue souvent dans la pratique. Les vers de Catulle à Lesbie, que nous allons citer, expliqueront, sans qu'il soit besoin d'un long commentaire, pourquoi la posture ordinaire mérite la préférence :

>Da mihi basia mille, deinde centum
>Dein mille altera, dein secunda centum
>Deinde usque altera mille, deinde centum
>Dein, quum millia multa fecerimus,
>Conturbabimus illa, ne sciamus,
>Aut ne quis malus invidere possit
>Quum tantum sciet esse basiorum.

N.8.

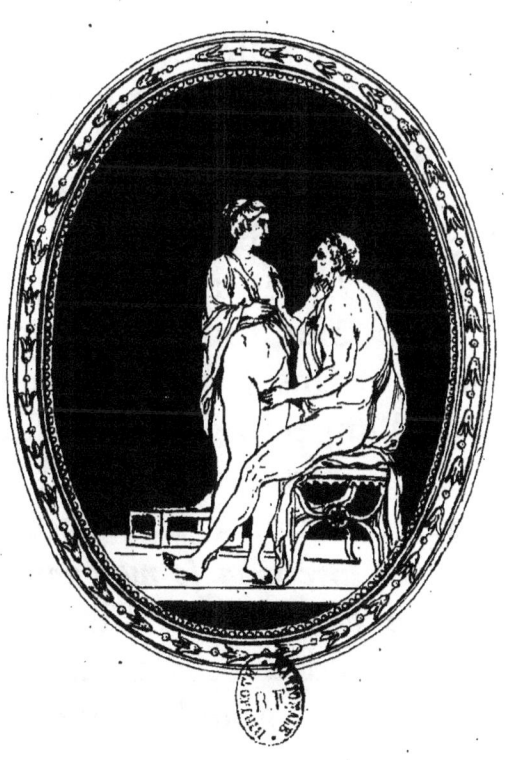

# N. VIII.

## *Auguste avec sa fille Julie.*

Camée d'Apollonius de Sicyone.

JULIE, fille d'Auguste & de Scribonia sa première femme, fut un prodige d'esprit, de beauté & de lubricité. Elle fut premiérement l'épouse de Marcellus, neveu d'Auguste par sa sœur Octavie, l'espoir & les délices du peuple Romain. Après la mort de ce prince, Auguste la fit épouser à son ami Agrippa dont elle eut quatre enfans, & enfin elle épousa Tibere fils de l'impératrice Livie. Le tableau des débauches de cette princesse est effrayant, elle ne se refusoit rien, & n'avoit que cet égard, *Vectorem in cymba se nunquam, aiebat, accipere nisi cum plena esset.* Elle avoit pour maxime, que la pudeur & la chasteté n'étoient pas des vertus d'une grande princesse : *Nihil quod facere aut pati turpiter posset foemina, luxuriâ, libidine, infectum reliquit : magnitudinemque fortunae suae peccandi licentiâ metiebatur : quidquid liberet pro licito judicans.* ( Velleius Paterc. ) Toute la jeunesse de la cour d'Auguste lui étoit dévouée ; ses adultères, ses amours, le nombre de ses amans & de ses plaisirs, tout cela faisoit le sujet des conversations de Rome; son père seul n'en savoit rien : enfin le bruit en parvint jusqu'à lui ; & il en fut si touché qu'il s'en plaignit en plein sénat, il évita quelque temps de paroître en public, il hésita même s'il la puniroit du dernier supplice, enfin il se contenta de l'exiler. Il fut inexorable aux larmes de sa fille, de ses parens, & aux prières du peuple ; il s'emporta même contre ceux qui lui demandoient avec instance de rappeller sa fille : *Deprecanti saepe populo Romano*, dit Suétone, *& pertinaciùs instanti, tales filias talesque conjuges pro concione imprecatus.* Ovide même, le poëte des graces & des amours, fut la victime de la colère d'Auguste, qui le relégua chez les Massagetes. L'on a fait beaucoup de conjectures sur la cause de cet exil, mais il nous semble que le camée que nous présentons ici en donne la véritable explication. Ovide étoit familier à la cour d'Auguste, & l'ami intime de Julie : il fut un jour assez malheureux ou assez imprudent pour pénétrer trop avant dans l'appartement de cette princesse, & il surprit le bon Auguste qui caressoit sa charmante fille dont il étoit extrêmement jaloux. Qu'on juge de la colère du prince & de la surprise du poëte ! Les grands ne manquent jamais de prétextes ; les livres de l'art d'aimer, ceux des amours, le libertinage d'Ovide, & ses familiarités trop indiscrettes avec Julie, furent des motifs très-plausibles pour le perdre. Cur aliquid vidi, écrivoit Ovide :

>Cur aliquid vidi, cur conscia lumina feci
>   Cur imprudenti cognita causa mihi est ?
>Inscius Actaeon vidit sine veste Dianam,
>   Praeda tamen canibus, nec minus ille fuit.

Voilà, ce me semble, qui parle assez clair : il pria, il supplia ; mais Auguste fut toujours inflexible : les coupables sont d'ordinaire ceux qui pardonnent le plus difficilement ; & l'Empereur auroit bien mérité qu'Ovide lui eût réellement envoyé des vers tels qu'en fit Scaliger sous le nom de cet illustre exilé :

>A me utinam inciperes ferus esse cruente, nec atras
>   Per caedes faceres ad mea fata gradum.
>Si mea te movit tetricum lasciva juventus
>   Te juvenem damnas perditus, exul abi.
>Impia flagitiis squallent penetralia divis,
>   Damnati superant nomina foeda rei . . . . . .
>Cum te laudarem tunc sum mentitus, ob unum hoc
>   Exilii fuerat debita poena mihi.

Caligula étoit si persuadé qu'Auguste avoit abusé de sa fille, qu'il se vantoit que sa mère Agrippine avoit été le fruit de cet inceste :

*Praedicabat autem matrem suam ex incesto, quod Augustus cum Julia filia commisisset, procreatam.* ( Suéton. ) Les anciens soupçonnèrent, avec assez de vraisemblance, que la jalousie de l'Empereur eut beaucoup de part à la rigueur inflexible dont il usa envers sa fille criminelle: il couvroit son ressentiment sous le masque du zèle, & de la pureté des mœurs publiques: O ces hypocrites !

<small>Qui Curios simulant , & bacchanalia vivunt.
( *Juven.* )</small>

N.º 9.

# N. IX.

## *Auguste à qui Livie présente deux jeunes filles.*

**Camée d'Artemon Rhodien.**

L'IMPERATRICE Livie aimoit Auguste, & elle en fut toujours aimée, mais sage, douce & discrete, elle ne contrôloit point les actions de son époux : elle n'ignoroit point les fréquentes infidélités qu'il lui faisoit, mais elle savoit dissimuler, vivoit en paix avec ses rivales, & fut si bien par ses complaisances, se rendre maîtresse de l'esprit & du cœur de l'Empereur, que tout céda à sa puissance : la cour lui étoit soumise, les troupes dévouées, & par-là elle réussit enfin après une infinité d'obstacles à assurer la succession de l'empire à son fils Tibère. Elle n'oublia rien pour parvenir à ce but, & cette pierre gravée du célèbre Artémon que nous offrons ici, prouve bien jusqu'où cette princesse porta la complaisance pour son époux, & les soins qu'elle se donnoit pour lui procurer du plaisir. Il étoit passionné pour les jeunes filles, & Livie lui en cherchoit de tous côtés. Le peuple romain fit là-dessus des plaisanteries, & il auroit été difficile à Auguste de s'en justifier. *Circa libidines haesit : postea quoque, ut ferunt, ad vitiandas virgines promptior, quae sibi undique etiam ab uxore conquirerentur.* ( Suéton. )

Nos moeurs d'aujourd'hui sont un peu contraires à cette maxime de Livie ; chez les anciens c'étoit autre chose : les maris avoient des droits très-étendus, & bien des choses leur étoient permises, qui étoient défendues aux femmes. Plaute, Térence, & les autres anciens comiques, nous ont laissé mille peintures naïves de la vie libertine permise aux garçons, & même aux maris, & de l'extrême réserve des filles bien nées, des matrones & des mères de famille. Ce système tenoit aux moeurs d'une république vertueuse : les femmes peu à peu s'émancipèrent, & du temps même de Livie la dépravation arriva presqu'à l'excès : cependant l'Impératrice fut toujours chaste, elle gardoit les anciennes maximes, & l'ambition fut sa passion dominante : *Dominandi avida, virilibus curis, faeminarum vitia exuerat.* ( Tacit. Annal. lib. 5. ) Les Dames romaines de son temps n'imitèrent guères son exemple : on n'a qu'à jetter les yeux sur les Auteurs de ce siècle fameux, Quels vices, quelle débauche, & quelle corruption générale dans le sexe!

> Motus doceri gaudet Ionicos
> Matura virgo, & fingitur artubus;
> Jam tunc & incestos amores
> De tenero meditatur ungui :
> Mox juniores quaerit adulteros
> Inter mariti vina ; neque eligit
> Cui donet impermissa raptim
> Gaudia, luminibus remotis,
> Sed jussa coram non sine conscio
> Surgit marito, seu vocat institor,
> Seu navis hispanae magister,
> Dedecorum pretiosus emptor.
> *( Horat. Od. 6, lib. 3.)*

Nos anciennes mères de famille, continue le même poëte, étoient élevées bien différemment ; mais

> Damnosa quid non imminuit dies ?
> Aetas parentum, pejor avis, tulit
> Nos nequiores, mox daturos
> Progeniem vitiosiorem.

Ceux qui liront la satyre de Juvénal sur les femmes y trouveront l'accomplissement de la prophétie d'Horace ; Pétrone lui-même en étoit scandalisé, il en parle avec horreur dans ces vers :

> Heu pudet effari, perituraque prodere fata !
> Persarum ritu malè pubescentibus annis.

Subripuere viros ; exfectaque vifcera ferro
In venerem fregere : atque ut fuga mobilis aevi
Circumfcripta morâ properantes differat annos
Quaerit fe natura, nec invenit, omnibus ergo
Scorta placent, fractique enervi corpore greffus,
Et laxi crines, & tot nova nomina veftis,
Quaeque virum quaerunt.

N.10.

# N. X.

## *Auguste, sous l'habit d'Apollon, soupe avec six Déesses.*

### Camée d'Epitinçanus, Athénien.

VOICI un trait d'histoire qui fit beaucoup murmurer les Romains, & attira bien des railleries & des satyres sur Auguste : ce fut un souper qu'il donna chez lui, dans lequel les convives étoient habillés en Dieux & en Déesses. Le lendemain on trouva les vers suivans attachés à la maison du Prince, tant les Romains avoient le talent de l'impromptu en fait de satyre :

> Quum primum istorum conduxit mensa choragum
>     Sexque Deos vidit Mallia, sexque Deas:
> Impia dum Phoebi Caesar mendacia ludit,
>     Dum nova divorum coenat adulteria,
> Omnia se à terris tunc numina declinarunt :
>     Fugit & auratos Juppiter ipse thronos.

Auguste étoit très-sobre pour l'ordinaire, mais quelquefois il se livroit à la gaieté & à la bonne chere avec ses enfans & avec ses amis. Les Romains, qui avoient été témoins du luxe de Lucullus & de l'intempérance d'Antoine, auroient pu pardonner cette partie de débauche à Auguste ; mais en général ce Prince ne fut aimé que dans ses dernieres années, & ce qui excita encore plus l'indignation publique contre les convives de ce repas, c'est qu'alors Rome étoit en proie aux horreurs de la famine, & qu'il sembloit qu'Auguste, par cette profusion, eût voulu insulter à la misere publique ; aussi le peuple mutiné cria-t-il le lendemain qu'il ne falloit pas être surpris si le bled manquoit à Rome, puisque les Dieux l'avoient tout dévoré ; & comme Auguste étoit assis à cette table en Apollon, l'on ajoutoit *Cæsarem planè esse Apolinem, sed Tortorem* : dénomination sous laquelle ce Dieu étoit en effet honoré dans un quartier de la ville.

Auguste fut aussi accusé d'aimer trop les beaux vases de Corinthe, dont le travail étoit un chef-d'œuvre de l'art ; & dans le temps des proscriptions on écrivit sur une de ses statues, *Pater argentarius, ego Corinthiarius* ; inscription satyrique qui faisoit entendre, qu'on n'avoit mis à prix la tête de quelques citoyens, que parce qu'ils possédoient beaucoup de meubles de Corinthe. On ne lui pardonna pas non plus la passion qu'il avoit pour le jeu ; & dans le temps de la guerre de Sicile, après que la tempête eut successivement détruit deux de ses flottes, on jetta ces vers dans son pavillon :

*Postquam bis classe victus naves perdidit,*
*Aliquando ut vincat ; ludit assiduè aleam.*

Marc Antoine, qui ne laiſſoit échapper aucune occaſion de rendre ſon rival odieux & ridicule, lui reprocha cette débauche dans une de ſes lettres ; & nommant ces douze ſacrileges, il lui lança des ſarcaſmes très-amers. Il eſt cependant étonnant qu'Antoine osât faire là-deſſus le moindre reproche à Auguſte, lui qui ayant eu deux enfans de Cléopatre, un fils nommé Alexandre, & une fille du même nom que ſa mere, il ſurnomma l'un le ſoleil & l'autre la lune ; lui enfin qui ſe plaiſoit à voir cette Reine habillée en Iſis. Ce fut après qu'il eut déclaré Cléopatre reine d'Egypte, de Chypre, d'Afrique & de la baſſe Syrie, & qu'il eut en même temps proclamé ſon fils Alexandre roi d'Arménie & de toute la Médie qu'il alloit conquérir ſur les Parthes, & qu'il eut donné à Ptolomée ſon autre fils la Phénicie & la Cilicie : dès-lors Cléopatre ne parut plus en public, que vêtue de la robe conſacrée à Iſis, & elle ſe faiſoit appeller la jeune Iſis. Cette folie groſſiere d'uſurper le nom & les emblêmes des Dieux fut commune à pluſieurs autres Empereurs ; nous verrons Caligula, Néron, Domitien affecter les honneurs divins avec une inſolence inouie. Ce n'eſt pas ainſi que penſoit le bon Titus : Dans le temps qu'une éruption terrible du Vésuve avoit ruiné les campagnes & les villes des environs, on songeoit à Rome à lui bâtir un temple; il le refusa, & répondit à peu près comme dans cette magnifique scène de Métastase:

 Romani, unico oggetto
È de' voti di Tito il vostro amore!
Ma il vostro amor non passi
Tanto i confini suoi,
Che debbano arrossirne e Tito, e voi
Più tenero, più caro
Nome, che quel di padre
Per me non v'è; ma meritarlo io voglio,
Ottenerlo non curo. I sommi Dei
Quanto imitar mi piace,
Abborisco emular. Gli perde amici,
Chi gli vanta compagni: e non si trova
Follia la più fatale,
Che potersi scordar d'esser mortale.
Quegli offerti tesori
Non ricuso però. Cambiarne solo
L'uso pretendo. Udite. Oltre l'usato
Terribile il Vesevo ardenti fiumi
Dalle fauci eruttò; scosse le rupi;
Riempiè di ruine
I campi intorno, e le città vicine.
Le desolate genti
Fuggendo van, ma la miseria opprime
Quei, che al fuoco avanzar. Serva quell'oro
Di tanti afflitti à riparar lo scempio:
Questo, o Romani, è fabbricarmi il tempio.

N. 11.

# N. XI.
## Marc-Antoine & Cléopatre sur un vaisseau.

Médaille.

SI jamais foiblesse fut pardonnable, ce fut assurément l'amour d'Antoine pour Cléopatre. Cette Reine si fameuse par sa beauté, par son esprit & par sa coquetterie avoit été accusée d'avoir secouru Brutus & Cassius les assassins de César. Après la défaite & la mort de ces deux grands défenseurs de la liberté, Antoine leur vainqueur envoya Dellius à Cléopatre avec ordre de venir le trouver en Cilicie. Dellius qui connoissoit le penchant d'Antoine pour le plaisir, n'eut pas plutôt vu la beauté de cette princesse & reconnu qu'elle étoit la grace de ses discours, qu'il jugea qu'au lieu d'être trouvée coupable, elle n'auroit qu'à paroître aux yeux de son juge pour le subjuguer, il l'exhorta même à se fier à ses charmes & à se présenter avec courage devant Antoine. Cléopatre, qui avoit déja essayé ses forces sur le grand César & sur le fils de Pompée, après avoir ramassé de grandes sommes d'argent pour en faire des présens, & fait provision d'habits magnifiques, s'embarqua sur le fleuve Cydnus dans un navire dont la poupe étoit d'or, les voiles de pourpre & les rames d'argent. Ces rames étoient agitées au son des flûtes,

des lyres & d'autres inſtrumens auſſi doux; elle-même
parée avec autant de goût que de magnificence, &
telle que l'on repréſentoit la Déeſſe Vénus, étoit
couchée ſous un pavillon étincelant d'or & de pierreries.
De jeunes enfans habillés en amours étoient à ſes côtés
avec des éventails dont ils la rafraîchiſſoient, ſes
femmes toutes d'une beauté raviſſante, vêtues comme
es Néréides & les Grâces étoient les unes au gouvernail,
es autres aux cordages, & les parfums les plus précieux
rûlés dans des réchaux d'or en divers endroits de ſon
aiſſeau rempliſſoient l'air des environs de leur odeur :
ès que le bruit de ſon arrivée ſe répandit dans le camp
'Antoine, ſes ſoldats le laiſsèrent ſeul ſur ſon tribunal
coururent ſur le rivage en criant que c'étoit Vénus
ui venoit rendre viſite à Bacchus pour le bien de l'Aſie.
lle n'eut pas plutôt mis pied à terre qu'elle fit prier le
riumvir de venir ſouper chez elle, Antoine ſe rendit
ſon invitation, & il y trouva des préparatifs d'une
agnificence qu'on ne peut exprimer; les flambeaux
ngés en ſymmétrie donnoient une ſi grande clarté
'Antoine en fut émerveillé, & il avoua que jamais
cune fête ni aucun ſpectacle ne l'avoit tant ſurpris.
ais tout cela n'étoit rien en comparaiſon des appas de
éopatre, & des agrémens de ſon eſprit qui avoient
attraits dont il étoit impoſſible de ſe défendre : auſſi
toine ne put réſiſter à tant de charmes, il fut vaincu;

& pour terminer cette belle fête d'une manière enchanteresse, Cléopatre se livra aux transports de son amant, les partagea & acheva de l'enivrer d'amour & de plaisir. Cette étonnante Princesse étoit un protée qui se transformoit en mille formes pour augmenter sa victoire, & varier les plaisirs de son amant : dans les affaires sérieuses, dans ses jeux, dans ses divertissemens, partout elle imaginoit quelque nouvelle volupté ; elle ne le perdoit de vue ni le jour ni la nuit, toujours occupée de l'unique soin de l'amuser & de le retenir dans ses chaînes, elle jouoit aux dés, buvoit, chassoit & montoit à cheval avec lui, & sut enfin se rendre maîtresse si absolue de son cœur & de son esprit qu'il ne put jamais sortir d'esclavage. C'étoit le sort de Cléopatre d'enchaîner ses amans jusqu'à la mort : César l'avoit adorée tout le temps qu'il vécut, & Lucain justifie Marc-Antoine par ce beau parallèle :

> Quis tibi vesani veniam non donet amoris,
> Antoni ? durum cum Caesaris hauserit ignes
> Pectus, & in media rabie, medioque furore,
> Et Pompeianis habitata manibus aulâ,
> Sanguine Thessalicae cladis perfusus adulter
> Admisit venerem curis, & miscuit armis
> Illicitosque toros, & non ex conjuge partus ?

Antoine dans les bras de Cléopatre, oublia sa gloire, sa réputation & l'empire du monde.

> Hoc animi nox illa dedit, quae prima cubili
> Miscuit incestam ducibus Ptolemaida nostris.

*( Lucan. Pharf. lib.* 10. *)*

Si Cléopatre avoit eu autant de vertu qu'elle avoit d'efprit & d'attraits, aucune femme n'auroit pu lui être comparée; mais malheureufement elle étoit encore plus diffolue que belle : *A quo cafta fuit ?* difoit Photin, & Dion affure que la lubricité de cette Reine fut telle, qu'Antoine confulta les médecins là-deffus, regardant fon extrême lubricité comme une maladie : tous les amis & les courtifans d'Antoine en étoient éperdument amoureux, & le même auteur rapporte qu'il y en eut plufieurs qui choifirent de coucher une nuit avec elle, à condition de perdre la vie le lendemain. La coupe fatale de Circè qui changeoit les hommes en brutes n'étoit rien en comparaifon des charmes de cette Reine enchantereffe, & Antoine fut bien loin d'imiter la conduite du fage Ulyffe.

> Sirenum voces & Circae pocula nofti :
> Quae fi cum fociis ftultus cupidufque bibiffet
> Sub domina meretrice fuiffet turpis & excors,
> Vixiffet canis immundus, vel amica luto fus.
>
> *( Horat. Epift.* 2, *lib.* 1. *)*

N.12.

# N. XII.

## Cléopatre à table avec Marc-Antoine, avale une perle détrempée dans du vinaigre.

Camée d'Artemon, rhodien.

ANTOINE aimoit tous les plaisirs, mais surtout celui de la bonne chère : pendant son séjour à Rome, il s'étoit livré avec tant de fureur à son intempérance, qu'il se déshonora par des excès inouis aux yeux de tous les Romains ; quand ensuite il se fut rendu maître de l'orient, & entiérement livré au joug de Cléopatre, il se conforma au goût de cette Reine qui étoit voluptueuse, mais qui se piquoit d'une extrême délicatesse au milieu des plus grands excès : la description de leurs repas & du luxe qui y régnoit paroîtroit exagérée, si tous les auteurs n'étoient d'accord là-dessus. Ecoutons la peinture charmante que nous fait Lucain du festin que Cléopatre donna à César :

Infudêre epulas auro, quod terra, quod aër,
Quod pelagus, nilusque dedit, quod luxus inani
Ambitione furens toto quaesivit in orbe.
Non mandante fame multas volucresque ferasque
Aegypti posuere Deos, manibusque ministrat

Niliacas cryftallus aquas, gemmaeque capaces
Excepuere merum, fed non mareftidos uvae
Nobile, fed paucis fenium cui contulit annis
Indomitum Meroe cogens fpumare falernum.
Accipiunt fertas nardo florente coronas
Et nunquam fugiente rofa, multumque madenti
Infudere comae, quod nondum evanuit aura
Cinnamon, externa nec perdidit aera terra,
Advectumque recens vicinae maffis amomum.

Mais cette Reine en fit encore davantage pour Antoine, qu'elle connoiffoit très-fenfible à la gourmandife. Plutarque raconte qu'un jour le médecin Philotas voyant dans la cuifine un appareil extraordinaire, & entr'autres chofes [h]uit fangliers qu'on faifoit rôtir tout entiers, [s]'étonna du grand nombre de convives qu'il [s]uppofa qu'on attendoit, & qu'il fut bien furpris [q]uand on lui répondit que les convives n'étoient [q]ue douze, mais qu'il falloit que chaque chofe [fû]t fervie dans un point de perfection qui [p]ouvoit s'altérer d'un moment à l'autre ; qu'il [fa]lloit pour cela préparer non un feul, mais [p]lufieurs foupers, parce qu'il étoit difficile de [d]eviner à quelle heure Antoine vouloit être [fe]rvi, & qu'il lui arrivoit fouvent de demander [à] fouper, & de différer enfuite, & qu'on [de]voit fe tenir prêt à toute heure & à tout [or]dre. (*Plut. in Anton.*)

Mais le festin qui fit le plus de bruit, c'est celui qu'Artemon choisit pour en faire le sujet de cette gravure. Antoine avoit donné un souper à la Reine, & se vantoit d'y avoir dépensé une somme très-grande : la Reine sourit, & pria son amant à souper chez elle le lendemain ; Antoine y fut, & voyant la table servie assez frugalement, il commençoit à croire que Cléopatre avoit voulu se moquer de lui, quand on apporta une coupe ; Cléopatre la prit, y versa du vinaigre, & y jetta ensuite une perle d'une valeur immense, & l'avala d'un seul trait, elle vouloit redoubler la dose & jetter une autre perle, mais Antoine l'en empêcha, & se confessa vaincu. ( *Plin. lib.* 9. )

Des excès si recherchés n'étoient cependant que les avant-coureurs d'autres plaisirs dont ils étoient tous les deux également avides ; & quelque goût qu'Antoine parût prendre à de pareils festins, les nuits qui les suivoient lui paroissoient encore plus voluptueuses.

Quos humeros, quales vidit, tetigitque lacertos !
Forma papillarum quam fuit apta premi !
Quam castigato plenus sub pectore venter
Quantum & quale latus, quam juvenile femur !

( *Ovid. amor. lib.* 3. )

Cléopatre qui étoit la plus luxurieuse des femmes, savoit multiplier les plaisirs, & les goûter :

ses transports égaloient ceux de son amant : Ovide en auroit été charmé, lui qui vouloit qu'une femme se pamât dans le sein de la volupté.

> Sentiat ex imis venerem resoluta medullis
>   Femina, & ex aequo res juvat ista duos :
> Nec blandae voces, jucundaque murmura cessent,
>   Nec taceant mediis improba verba jocis.....
> Quod juvat, & voces & anhelitus arguat oris.....

De tels athlètes n'avoient pas besoin d'être excités dans les combats de Vénus, & l'on pouvoit dire d'eux

> Aspicies oculos tremulo fulgore micantes,
>   Ut sol aliquidâ saepe refulget aqua :
> Accedant questus, accedat amabile murmur,
>   Et dulces gemitus, aptaque verba joco.
> Ad metam properate simul, tunc plena voluptas
>   Cum pariter victi femina, virque jacent.

N.13

# N. XIII.
## *Marc Antoine habillé en Hercule, & la dangereuse Cytheris en Iole.*

Camée d'Arellius.

IL y eut chez les anciens des courtisannes si célèbres par leur beauté, leur esprit, & la qualité de leurs amans, que l'histoire n'a pas dédaigné d'en faire mention. Telles furent les Laïs, les Thaïs *ad cujus jacuit Graecia tota pedes* & la fameuse Aspasie : cette dernière fut idolâtrée par Périclès, & Socrate admiroit si fort ses talens & son éloquence qu'il disoit que la Déesse de la persuasion habitoit sur ses lèvres : Flora chez les Romains fut l'admiration de son siècle par les charmes de sa figure, la douceur de son caractère, & la tendresse qu'elle conserva toujours pour Pompée dont elle étoit la maîtresse. Etant âgée elle se plaisoit à raconter ses anciennes amours, sa passion & ses transports pour Pompée, qu'elle ne laissoit jamais sortir de chez elle sans le mordre voluptueusement : Catulle aimoit ces légères marques d'emportement & d'amour, & s'étant brouillé avec sa maîtresse il se plaignoit tendrement,

Scelesta verè, quae tibi manet vita
Quis nunc te adibit, cui videberis bella . . . . .
Quem basiabis, cui labella mordebis ?

Horace, qui n'étoit pas moins tendre & moins voluptueux que Catulle, souffroit beaucoup quand il s'appercevoit à ces marques non-équivoques combien Lydie étoit complaisante pour Téléphus :

>Uror, seu tibi candidos
>Turparunt humeros immodicae mero
>Rixae ; sive puer furens
>Impressit memorem dente labris notam.

Une autre courtisanne non moins célèbre à Rome, fut la belle Cytheris maîtresse de Marc Antoine. Ce grand général dès que la guerre étoit finie se livroit à la débauche avec autant de passion qu'il avoit montré de valeur contre ses ennemis. Sa maison étoit remplie de pantomimes, de bouffons, de danseurs & de courtisannes : on y passoit la nuit à boire & le jour à dormir, ce n'étoit que fêtes bacchiques & sacrifices à Vénus : nulle honte, nul égard, nulle décence ; Antoine se moquoit de ceux qui le condamnoient, il les faisoit trembler au sénat & à la tête des armées, & ne daignoit pas même les recevoir chez lui quand il y étoit renfermé avec ses compagnons de débauche. L'ame de toutes ces parties de plaisir, & celle qui possédoit véritablement le coeur de cet illustre débauché c'étoit la danseuse Cytheris ; Antoine l'aimoit passionnément, il la menoit par-tout avec lui, & la faisoit porter dans une litière qui étoit suivie d'un train aussi magnifique que celui de sa propre mère : des auteurs dignes de foi, ( Plutarque & Ciceron ) racontent qu'on portoit dans ses voyages une grande quantité de vaisselle d'or, on faisoit halte & l'on tendoit des pavillons sur le bord des rivières, ou à l'entrée de quelque riant boccage, & l'on y servoit des dîners magnifiques. Antoine s'habilloit en Hercule de qui il se vantoit de descendre, & il se faisoit porter dans une litière avec Cytheris habillée en Omphale : tout ce train ressembloit à une troupe de Bacchantes, de Silènes, & de Satyres qui accompagnoient Bacchus & la belle Ariane : la présence des troupes ne gênoit nullement Antoine, & il caressoit sans façon sa maîtresse en présence de ses soldats : les courtisannes qui les suivoient dans des litières ouvertes en faisoient de même avec leurs amans, & toute cette troupe ne songeoit qu'à s'amuser & à jouir de la vie.

Interea dùm fata sinunt, jungamus amores.
( *Tibull.* )

Cette Cytheris avant que de s'attacher à Marc Antoine, avoit été aimée de Cornélius Gallus, fameux poëte, ami d'Auguste & de Virgile : elle lui préféra dans la suite le Triumvir, &

Gallus pleura son malheur dans des élégies qui furent admirées de toute l'antiquité. Jamais il ne put surmonter sa passion pour cette femme qu'il désignoit dans ses vers sous le nom de la belle Lycoris, & rien n'est plus touchant que ses plaintes qu'on lit dans la dernière églogue de Virgile qui lui est adressée :

> Galle, quid insanis ? inquit : tua cura Lycoris
> Perque nives alium, perque horrida castra secuta est.....
> Hîc gelidi fontes ; hîc mollia prata, Lycori :
> Hîc nemus, hîc ipso tecum consumerer aevo.....
> Tu procul a patria ( nec sit mihi credere tantum )
> Alpinas, ah, dura, nives, & frigora rheni
> Me sine sola vides. Ah, te ne frigora laedant !
> Ah, tibi ne teneras glacies secet aspera plantas !.....
> Nec lacrymis crudelis amor, nec gramina rivis,
> Nec cytiso saturantur apes, nec fronde capellae.....
> Omnia vincit amor, & nos cedamus amori.

Cytheris quoique courtisanne avoit un coeur capable d'amour & de reconnoissance ; elle ne voulut jamais quitter Antoine malgré ses revers ; elle le suivit dans sa fuite après la bataille de Modène, elle partagea ses malheurs, le consola, & se rendit plus estimable par ses sentimens & cette conduite qu'elle n'étoit adorable par ses appas : elle méritoit une exception dans la belle ode d'Horace sur la fortune,

> Utcumque mutatâ potentes
> Veste domos inimica linguis :
> Tunc vulgus infidum, & meretrix retrò
> Perjura cedit.
> ( Horat. Od. 35, lib. I. )

N.14.

# N. XIV.

## Auguste avec Fulvie femme de Marc Antoine.

Camée d'Arellius.

QUOIQUE Marc Antoine fût reconnu pour un débauché, cependant ses talens militaires, sa naissance, sa figure, sa magnificence, son humeur enjouée, & sur-tout sa force athlétique l'avoient mis fort à la mode auprès des Dames, & il n'en trouvoit guères de cruelles. Il s'étoit encore plus livré à ces plaisirs bacchiques après la mort de sa première femme, mais il parut se modérer un instant à l'occasion de son mariage avec Fulvie : cette Dame avoit été mariée avec Clodius fameux par son aventure aux sacrifices de la bonne Déesse, par son inimitié avec Ciceron, & par sa mort tragique. Elle avoit un esprit supérieur à son sexe, s'amusoit peu aux soins domestiques, & elle ne bornoit pas même son ambition à dominer un mari qui ne fut qu'un simple particulier, mais elle vouloit commander à un mari qui commandât aux autres ; & comme le dit Plutarque, elle vouloit être le général d'un époux qui fut lui-même à la tête d'une armée : elle étoit sérieuse & d'une humeur grave, & il falloit toute la gaieté d'Antoine, qu'elle aimoit passionnément, pour la réjouir, comme il faifoit très-fouvent par des jeux, des bons mots, des contes plaifans, des caprices & d'autres gentilleffes d'un jeune amant : après la défaite de Brutus & Caffius, Antoine partit pour fe rendre dans l'Afie mineure, il y vit Glaphire femme d'Archélaüs, en devint amoureux, & oublia bientôt & Rome & Fulvie : il ne faut pas demander fi elle fut fenfible à cet outrage ; une ame fière ne peut fupporter le mépris, & quelle eft la femme qui pardonne de tels crimes ? Fulvie en fut pénétrée jufqu'au fond de l'ame, mais au lieu d'éclater en reproches, elle chercha une vengeance de la même nature. Octave étoit bel homme, il étoit l'égal & le collègue de fon mari, maître de Rome & de toute l'Italie ; jeune & voluptueux, il aimoit les femmes & les recherchoit, quelle meilleure occafion pour Fulvie ! Elle voulut en profiter, joua la paffionnée, & lui fit les avances les plus marquées ; mais le Triumvir, qui n'aimoit ni la perfonne de Fulvie ni fon humeur impérieufe, méprifa ouvertement fes offres : elle tonna, menaça, fit beaucoup de bruit, Octave fut inexorable, & pour comble d'outrage, il renvoya Clodia fa fille qu'on lui avoit fiancée. Alors Fulvie pouffée à bout ne ménagea plus rien, elle fe fit des créatures, fe lia avec L. Antoine fon beau-frère, affembla des vétérans, & déclara la guerre à Octave, qui ne refufa point le parti, fe prépara à combattre, & fit à cette occafion les vers suivans, qui sont une preuve également de son esprit, de son libertinage & de sa confiance :

> Quod futuit Glaphyren Antonius, hanc mihi poenam
> Fulvia constituit, se quoque uti futuam.
> Fulviam ego ut futuam ? quid, si me Manius oret
> Paedicem ? faciam ? Non puto, si sapiam.
> Aut futue, aut pugnemus ait : quid si mihi vita
> Carior est ipsa mentula ? Signa canant.

C'est cette anecdote que le graveur Arellius a gravé sur le camée que l'on représente ici : l'on y voit Fulvie qui offre ses charmes à Auguste, celui-ci refuse, & fait signe à ses soldats de donner bataille, aimant mieux courir les risques de la guerre que de se livrer à cette femme. Cette guerre eut une fin malheureuse pour Fulvie & son parti, quoiqu'elle-même y fît les fonctions de général & quelquefois de soldat avec une intrépidité digne d'un capitaine romain. *Fulvia nihil muliebre praeter corpus gerens, omnia armis tumultuque miscebat.* (Vell. Paterc.) Elle fut obligée de quitter l'Italie & de se réfugier auprès de son époux infidèle qu'elle réussit à détacher pour quelque temps des bras de Cléopatre, elle l'engagea dans sa querelle, & alloit élever entre les deux Triumvirs une guerre terrible quand Fulvie mourut à Sicyone.

Telle fut la fin de cette Romaine qui avoit un esprit & des qualités supérieures, mais dont l'orgueil & la fierté effaçoient tous les agrémens : une femme doit être douce & complaisante si elle veut captiver peu à peu le cœur de son époux, & s'en rendre maîtresse : ce fut par-là que Livie parvint à régner despotiquement sur Auguste & sur tout l'empire. Tous les hommes seront là-dessus du sentiment de Juvénal :

> Malo Venusinam, quam te, Cornelia mater
> Gracchorum, si cum magnis virtutibus affers
> Grande supercilium, &c.
>
> *(Juven. Sat. 6.)*

Au contraire, quel est l'homme, si dur & si farouche, que la douceur, les caresses & les larmes d'une femme aimable ne touchent pas ? Ce sont les seules armes du sexe, mais des armes à qui l'on ne résiste jamais. Parménon avoit raison de dire à Phédria, qui s'emportoit furieusement contre sa belle maîtresse,

> Haec verba, una me hercle falsa lacrumula
> Quam, oculos terendo miserè, vix vi expresserit,
> Restinguet; & te ultro accusabit, & dabis ei
> Ultrò supplicium.
>
> *( Terent. in Eunuc. )*

En effet, à peine Thais eut dit une douceur à son amant, qu'il se rendit, & fit tout ce qu'elle exigeoit de lui.

> Labascit, victus uno verbo, quam citò !

Antoine se croyoit trahi par Cléopatre, il étoit furieux, la cherchoit par-tout pour l'immoler à sa fureur, à peine elle paroît, lui jette un tendre regard, répand une larme, & voilà son amant à ses pieds. *(Dion. & Plut.)*

> Improbe amor quid non mortalia pectora cogis ?

N.º 15.

# N. XV.
## *Auguste avec la femme de Mécène, qui fait semblant de dormir.*

### Camée d'Arellius.

*CUI non dictus Hilas ?* Et qui est-ce qui ne connoît pas Mécène, le protecteur des muses, l'ami d'Horace & le favori d'Auguste ? Cet homme célèbre dont le nom est devenu un éloge, n'avoit pas les talens militaires d'Agrippa, mais personne ne l'égaloit dans l'art de gouverner les affaires, de donner de bons conseils & de manier les esprits, aussi partagea-t-il toujours avec Agrippa l'amitié d'Auguste. Il auroit pu s'élever aux plus hautes dignités, mais il se contenta du rang de chevalier romain : ses mœurs étoient douces, & même un peu trop voluptueuses, & Velleius Paterculus en fait ce portrait : *Caius Maecenas, equestri sed splendido genere natus, vir, ubi res vigiliam exigeret, sanè exsomnis, providens atque agendi sciens; simul verò aliquid ex negotio remitti posset, otio ac mollitiis penè ultrà feminam fluens : non minùs Agrippâ Caesari carus, sed minus honoratus; quippe vixit angusto clavo planè contentus; nec minora consequi potuit, sed non tam concupivit.* Ses amours, ses maîtresses

& fes plaifirs ont été auffi célèbres que fes talens, fon goût pour la poéfie, fa dextérité dans les affaires les plus difficiles, fon amitié conftante pour Augufte, & fes libéralités envers Virgile, Horace, & beaucoup d'autres beaux efprits de ce fiècle fameux. Il aima fur-tout Bathylle le plus habile & le mieux fait des pantomimes, qu'on appelloit *ignis & delicium Moecenatis*. Cependant il eut toujours une paffion très-vive pour fa femme Térentia, qui, par fon efprit & fa beauté, pouvoit le difputer avec Livie: en effet, elle rendit Augufte amoureux, & parmi tant de maîtreffes qui recherchoient les bonnes graces de l'Empereur, Térentia fut une de celles qui régna le plus long-temps; Livie le voyoit bien, mais toujours complaifante, & contente de dominer, elle fermoit les yeux & favorifoit même les goûts de fon époux: Mécène ne fut pas toujours fi indifférent, & Dion rapporte que la jaloufie s'en mêla, & refroidit pour quelque temps l'amitié d'Augufte pour lui. Cependant Mécène étoit trop bon courtifan pour éclater, & un jour qu'Augufte, felon fa coutume, étoit chez lui, & prenoit des libertés un peu trop familières, le bon Mécène, qui voyoit tout, feignit de dormir: mais peu après s'appercevant qu'un autre des amis d'Augufte vouloit auffi s'émanciper, & profiter de l'occafion, il fe tourna auffi-tôt en difant *Non omnibus dormio*.

Ce bon mot fut très-célèbre à Rome; & l'on ne manqua pas d'en plaifanter l'auteur, & celui qui y avoit donné lieu. C'étoit bien de la part d'Augufte une très-grande injuftice d'abufer ainfi de l'amitié & de la confiance de fon ami, & de lui enlever le coeur d'une femme qu'il adoroit; mais les Princes délicats & réfervés fur cet article ont toujours été rares.

La cour d'Augufte dans ce temps-là étoit la plus brillante & la plus galante qui fut jamais; plufieurs Princeffes & d'autres femmes d'un rang inférieur, mais d'une beauté raviffante, en faifoient le plus bel ornement : on diftinguoit parmi toutes l'impératrice Livie, Julie la fille d'Augufte, la belle Cléopatre fille d'Antoine & de la malheureufe reine d'Egypte, Antonia la jeune, fille d'Antoine & d'Octavie, & l'aimable Térentia dont nous venons de parler: Julie auroit fait le charme de la cour fi elle avoit fu fe modérer. La jeune Cléopatre étoit une beauté achevée, & fut mariée à Juba Roi de Mauritanie, Prince d'une figure charmante & d'un mérite fupérieur : Antonia époufa Drufus frère de Tibère, & bien plus digne que lui de succéder à l'empire ; après la mort de Marcellus le peuple romain, pour se consoler d'une si grande perte, jetta les yeux sur Drusus & fonda sur lui ses plus douces espérances, mais elles furent trahies par la destinée toujours ennemie du bonheur des hommes : Drusus mourut au milieu de ses triomphes, Caïus & Lucius neveux d'Auguste furent emportés en très-peu de temps par le poison, & Tibère fut adopté. Le bon goût se rafina dans une cour composée de tant de gens d'esprit, & ce fut à cette école qu'Horace prit cette délicatesse, cette fleur & cette finesse qu'on admire dans ses ouvrages. Ce grand poëte aimoit tendrement Mécène, & l'a rendu immortel dans ses ouvrages ; ils vivoient ensemble dans la plus grande familiarité, & quittèrent la vie peu de temps l'un après l'autre. Horace avoit toujours souhaité de ne pas survivre à son ami, & c'étoit du fond de son cœur qu'il lui écrivoit :

> Ah ! te meae si partem animae rapit
> Maturior vis, quid moror altera,
>    Nec carus aequè, nec superstes
>    Integer ? Ille dies utramque
> Ducet ruinam. Non ego perfidum
> Dixi sacramentum : ibimus, ibimus,
>    Utcumque praecedes, supremum
>    Carpere iter comites parati.
>                   (*Horat. Od.* 17, *lib.* 2.)

N.16.

# N. XVI.
## Tibère avec ses mignons & ses femmes.
### Médaille.

AVANT que de parler des débauches inouies de Tibère, il ne sera pas inutile d'en présenter ici le portrait tracé de main de maître par le plus grand peintre du cœur humain. *Tiberio* ( dit Tacite, annal. lib. 6. ) *pater Nero..... Casus prima ab infantia ancipites, morum tempora illi diversa : egregium vitâ famâque quoad privatus, vel in imperiis sub Augusto fuit, occultum ac subdolum fingendis virtutibus, donec Germanicus ac Drusus superfuere. Idem inter bona malaque mixtus, incolumi matre, intestabilis saevitia, sed obtectis libidinibus dum Sejanum dilexit timuitve. Postremò in scelera simul ac dedecora prorupit postquam remoto pudore & metu, suo tantum ingenio utebatur.*

Ce tableau est très-fidèle, & tiré d'après nature ; dès que Tibère se fut caché dans l'île de Caprées, il se livra à des infamies sans exemple : il avoit orné tous ses appartemens d'une infinité de tableaux & de statues obscènes, pour que chacun eût devant ses yeux l'image de quelque posture ou de quelque attitude lascive : la bibliothèque étoit remplie de livres érotiques & voluptueux, & les ouvrages d'Elephantis de Milet, d'Hermogène de Tarse & de Philenis y tenoient le premier rang. *Tunc primum ignota ante vocabula reperta sunt* SELLARIORUM *&* SPINTRIARUM, *ex foeditate loci, ac multiplici patientiâ.* ( Tacit. loc. cit. )

Parmi le grand nombre de débauches auxquelles il s'abandonnoit dans cette île, celle qui est représentée sur cette médaille étoit des plus recherchées, & bien propre à exciter la luxure dans les sens émoussés d'un vieillard. Des jeunes gens de l'un & de l'autre sexe y sont représentés se livrant à toutes les espèces de jouissances. *Qui triplici serie connexi, invicem incestarent se coràm ipso, ut adspectu deficientes libidines excitaret.* ( Suéton. ) Qui est-ce en effet qui pourroit résister à de tels spectacles ?

 Mastubabantur Phrygii post ostia servi
  Hectoreo quoties, federat uxor equo.
       ( *Martial.* )

Dans ces derniers temps on a imaginé quelque chose de semblable dans des parties de débauche, qui ont été bien célèbres : un poëte moderne les peint très-vivement :

  Que parmi de lascives troupes
  De tes sujets les plus zélés
  Le vin se verse à pleines coupes
  Par la main des enfans ailés.

Que la nature sans nuages
Montre en eux tous ses avantages
Comme dans nos premiers aïeux :
Qu'ils tournent leurs mains irritées
Contre les modes inventées
Pour le supplice de leurs yeux.......
Que plus d'une infame posture
Plus d'un outrage à la nature
Excitent d'impudiques ris,
Et que chaque digne convive
Y trouve une peinture vive
De Capoüe & de Sibaris.

Ovide, qui apprend si bien à faire l'amour, n'est pas moins un grand maître quand il nous donne des remèdes pour en guérir. Un des plus essentiels, c'est d'éviter toute image qui nous en retrace les plaisirs ; il pousse ce scrupule jusqu'à vouloir qu'on s'interdise les tableaux voluptueux, les théâtres, les chansons & surtout la lecture des poëtes érotiques :

Callimachum fugito, non est inimicus amoris,
 Et cum Callimacho tu quoque, Coe, noces :
Me certe Sapho meliorem fecit amicae
 Nec rigidos mores Teïa musa dedit.
Carmina quis potuit tutô legisse Tibulli ?
 Vel tua cujus ope Cynthia sola fuit ?

*( Ovid. de remed. amor. )*

N.º 17.

# N. XVII.

*Tibère est dans son jardin, entouré de petites grottes remplies d'hommes & de femmes habillés en Nymphes & en Satyres, qui lui donnent mille spectacles obscènes & variés.*

Peinture antique.

Voici une scène de théatre digne du Prince qui présidoit à ces spectacles impudiques : la peinture qui nous en reste est presqu'effacée par l'humidité du souterrain & les injures du temps, cependant on y distingue assez les contours & l'ensemble : on y voit des femmes jeunes & charmantes qui sont habillées en Nymphes, & des jeunes hommes en Satyres ; ils sont dispersés dans les jardins de Caprées, & dans des grottes pratiquées exprès : Tibère s'y promenoit avec ses amis, & à chaque détour on appercevoit quelques couples de cette troupe bacchique, qui se livroit à toutes les obscénités possibles en la présence des passans, on varioit les attitudes & les postures, & celle qui étoit la plus indécente & la plus scandaleuse étoit la plus applaudie. *In silvis quoque ac nemoribus passim venereos locos commentus est, prostantesque per antra & cavas rupes, ex utriusque sexûs pube, Paniscorum & Nympharum habitu : palamque jam & vulgato nomine insulae abutentes,* CAPRINEUM *dictitabant.* ( Suéton. )

Toutes ces infamies étoient connues à Rome, & les satyres, les bons mots & les quolibets n'y étoient pas épargnés. Tibère n'ignoroit pas tous ces bruits, quelquefois même il en rioit, mais très-souvent il s'en vengeoit cruellement. La cruauté étoit son vice dominant aussi-bien que la débauche; & pendant qu'il s'abandonnoit à toutes sortes d'excès, & qu'il se plongeoit dans les plus infames voluptés, il ne cessoit de répandre le sang; il y avoit même à Caprées un endroit destiné au supplice des malheureux qui lui déplaisoient: *Unde damnatos post longa & exquisita tormenta praecipitari coram se in mare jubebat.* Il avoit souvent à la bouche ce mot d'un tyran célèbre, *Oderint dum metuant* ; & après la mort de la plupart de ses parens, *Felicem Priamum vocabat, quod superstes omnium suorum extitisset.* ( Suéton. )

Cependant il étoit quelquefois déchiré par

des remords ; il y avoit des momens où il ne pouvoit se souffrir lui-même : sa lettre au sénat est célèbre ; elle commence par ces mots : *Quid scribam vobis, Patres Conscripti : aut quomodo scribam, aut quid omninò non scribam, hoc tempore ? Dii me, Deaeque pejùs perdant, quàm quotidie perire sentio, si scio.* Et Tacite après les avoir cités fait cette belle observation : *Adeo facinora atque flagitia sua ipsi quoque in supplicium verterant. Neque frustra praestantissimus sapientiae* ( Plato ) *affirmare solitus est, si recludantur Tyrannorum mentes posse aspici laniatus, & ictus, quando ut corpora verberibus, ita saevitia, libidine, malis consultis animus dilaceretur.*

Les Euménides qui persécutoient Oreste avec leurs flambeaux, n'étoient autre chose que les cris & les reproches de la conscience, selon la belle remarque de Ciceron : les deux anciens tragiques Eschyle & Euripide ont fait des peintures affreuses des fureurs du fils d'Agamemnon déchiré par les furies,

Cur tamen hos tu
Evasisse putes, quos diri conscia facti
Mens habet attonitos, & surdo verbere caedit,
Occultum quatiente animo tortore flagellum ?
Poena autem vehemens, ac multo saevior illis
Quas & caeditius gravis invenit, & Rhadamanthus,
Nocte dieque suum gestare in pectore testem.

( *Juven. Sat.* 13. )

Et Sénèque disoit justement à propos de cette lettre de Tibère, *Hic consentiamus mala facinora conscientiâ flagellari, & plurimum illi tormentorum esse, quod perpetua illum sollicitudo urget ac verberat.* ( Senec. Epist. 97. )

N.º 18.

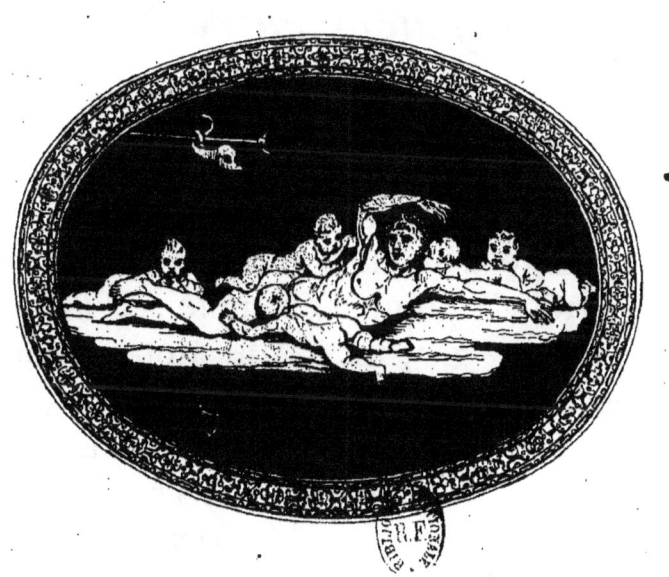

# N. XVIII.

*Tibère nage, & l'on voit des enfans de l'âge le plus tendre qui se jouent entre ses jambes.*

Peinture antique.

UNE des plus grandes infamies de Tibère, c'est le sujet de cette peinture antique. C'est un prodige d'invention & de débauche, qui peut-être n'a point d'exemple : il avoit dressé des petits garçons à se jouer entre ses jambes dans le temps qu'il nageoit, & à le sucer avec leurs lèvres en différens endroits ; il appelloit ces enfans ses petits poissons. *Majore adhuc & turpiore infamiâ flagravit, vix ut referri audirive, nedum credi fas sit. Quasi pueros primae teneritudinis, quos pisciculos vocabat, instituteret, ut natanti sibi inter femina versarentur, ac luderent : lingua morsuque sensim appetentes, atque etiam quasi infantes firmiores, necdum tamen lacte depulsos, inguini ceu papillae admoveret.* (Suéton.) Parmi ces jeunes enfans il y en avoit plusieurs de la plus haute naissance : c'étoit de la part de Tibère un rafinement de tyrannie, que d'abuser ainsi de tout ce qu'il y avoit de plus distingué ; « Il avoit, dit Tacite, des esclaves, dont la » commission étoit de chercher & de lui amener » des enfans de l'un & de l'autre sexe, avec la » liberté de faire des présens aux pères & mères » qui les livroient de bonne grace, & d'exercer » sur eux toutes sortes de violences, comme » sur des prisonniers de guerre, s'ils s'avisoient » de les refuser ». Quel despotisme & quelle dépravation ! Au reste, cette ressource des petits enfans étoit nécessaire à son épuisement : *Pronior, sanè ad id genus libidinis & naturâ & aetate.* (Suéton.) Ce Prince débauché, quoique déja dans un âge fort avancé, avoit conservé du goût pour des plaisirs, qu'il ne pouvoit plus satisfaire : sans force & sans vigueur il étoit obligé de recourir à ces infames ressources pour ranimer chez lui la nature épuisée : un vieillard usé ne pouvoit plus satisfaire les femmes chez qui, pour l'ordinaire,

> La fortune ni la naissance
> Ni la faveur ni la puissance
> N'y remportent jamais le prix,
> Mais sur tous les autres préside
> Quiconque à la vigueur d'Alcide
> Sous le visage de Pâris.

Aussi le bon Juvénal conseilloit-il à son ami Posthumius de laisser-là toutes les femmes, & de se borner à son mignon:

> Nonne putas melius, quod tecum Pusio dormit?
> Pusio qui noctu non litigat? exigit a te
> Nulla jacens illic munuscula; nec queritur quòd
> Et lateri parcas, nec, quantum jussit, anheles.
> 
> ( *Juven. Sat. 6.* )

Quelquefois cependant ces jeunes garçons n'étoient pas moins indiscrets & exigeans que les femmes: Pétrone nous fait une plaisante histoire d'un jeune garçon qui, pour se venger de son ami qui lui avoit promis un présent & avoit manqué de parole, après s'être bien fait prier, se laissa enfin caresser. Après quelques momens, il se tourne du côté de son amant, & lui dit, *fac iterum*; une heure après il l'éveille, & lui dit, *numquid vis?* l'amant fatigué s'abandonne de nouveau au sommeil, & le petit méchant, *interposita minùs hora pungere manu cepit, & dicere quare non facimus?* & il fallut que le pauvre amant, n'en pouvant plus, le fît taire en le menaçant d'éveiller son père, *aut dormi aut ego jam patri dicam.*

Il est vrai que pour l'ordinaire, c'étoient les femmes qui étoient si exigeantes; Quartilla dans Pétrone, dit qu'elle ne conçoit pas comment il est possible qu'une jeune femme laisse passer un jour *sine lineâ*. L'impératrice Zoë avoit chaque jour quatre pages robustes à ses gages, & se plaignoit de ses abstinences ; & Octavie dans Aloisia ne fait que dévoiler le secret du sexe en regrettant que les forces des hommes ne soient pas proportionnées à celles des femmes dans ce doux débat.

N.19.

# N. XIX.

## Tibère, & le tableau grec d'Atalante & de Méléagre.

#### Camée de Lysias de Corinthe.

Parmi les ornemens voluptueux & recherchés dont Tibère avoit meublé à des frais immenses ses délices à Caprées, on doit sur-tout distinguer le fameux tableau de Parrhasius, dans lequel on voyoit Atalante à genoux devant Méléagre le caressant de la manière la plus obscène : on l'avoit légué à l'Empereur à condition que s'il étoit choqué de l'obscénité du sujet, il recevroit à la place un million de sesterces. Non-seulement Tibère l'accepta, mais il le consacra dans sa chambre avec beaucoup de pompe. Ce tableau & cette consécration furent gravés par Lysias. Cette infamie est née à Lesbos, & de-là elle a infecté toute la terre; les gens âgés qui l'ont une fois connue ne s'en corrigent jamais, parce qu'elle est favorable à leur foiblesse. Prométhée, dit la fable, est le premier auteur de cette folie; ayant formé l'homme, il y avoit malheureusement oublié la partie qui le distingue; il s'apperçut de sa faute, & la répara en lui en donnant une, composée de la terre la plus pure qu'il put rencontrer. Avant de la mettre en place, il la lava dans une fontaine qui étoit près de lui, il forma ensuite le corps de la femme, & déroba un rayon du feu céleste, dont il les anima l'un & l'autre : quelques instans après la femme eut soif, elle se désaltéra dans cette fontaine, & voilà la source de la sympathie que ces deux parties ont entr'elles.

Le poëte Martial ne cessoit de badiner sur ce goût dépravé des femmes de son temps : il seroit trop long de rapporter ici toutes ses épigrammes, nous nous contenterons d'en choisir quelques-unes ; il écrit à Eglé :

> Cantasti male dum fututa es Aegle :
> Jam cantas bene, basianda non es.

Il dit fort plaisamment à Lesbie :

> Quod fellas, & aquam potas, nil Lesbia peccas :
> Quâ tibi opus est, Lesbia, sumis aquam.

Mais ses deux meilleures épigrammes sur cette matiere, sont celles sur Chione & Thaïs :

> Narrat te rumor, Chione, nunquam esse fututam
> Atque nihil cunno purior esse tuo.
> Tecta tamen non hac, qua debes, parte lavaris,
> Si pudor est, transfer subligar in faciem.

Voici la seconde :

> Non est in populo nec urbe tota
> A se Thaida qui probet fututam,
> Cum multi cupiant, rogentque multi:
> Tam casta est, rogo, Thaïs ? immo fellat.
> *( Mart. lib. 2 & 3.)*

Les vieillards, dont la vigueur est affoiblie, ont principalement besoin de cette ressource ; & une belle femme, dans l'attitude que Parrhasius avoit donné à Atalante, est bien capable de rendre la vie & la force à un être languissant & demi-mort ; ses caresses & ses charmes sont de vrais philtres amoureux :

> . . . . . . . . quibus incendi jam frigidus aevo
> Laomedontiades, & Nestoris hernia possit.
> *( Juven. Sat. 6.)*

Parmi les modernes le grand capitaine Gonzalve dans sa vieillesse étoit adonné à cette espèce de plaisir ; une jeune fille âgée de vingt ans lui prêtoit son ministère, *& tacito adlaborabat ore*, selon la phrase de Martial dont nous citerons encore l'épigramme sur Eschilus qui se plaisoit à ce genre de volupté :

> Lascivam tota possedi nocte puellam
> Cujus nequitiam vincere nemo potest.
> Fessus mille modis, illud puerile poposci,
> Ante preces totas, primaque verba dedit.
> Improbius quiddam ridensque, rubensque rogavi,
> Pollicita est nulla luxuriosa mora :
> Sed mihi pura fuit, tibi non erit, Aeschyle : si vis
> Accipe & hoc munus conditione mala.

N.º 20.

# N. XX.

## *Tibère assiste à un sacrifice, & s'enflamme pour deux jeunes hommes.*

Camée de Lysias.

Facilius est cupiditates resecare quam alere, dit Cicéron : rien de plus vrai & de plus philosophique que cette sentence ; les passions sont insatiables dès qu'on s'y livre, & il est bien plus aisé de les modérer au commencement que de les satisfaire, même en leur procurant tout ce qu'elles demandent. Elles entraînent d'abyme en abyme, & vous conduisent à des excès qui déshonorent l'humanité. Tel est le crime énorme & monstrueux où la fureur de la débauche précipita Tibère, & qui fait le sujet de ce camée de Lysias. L'Empereur assistoit à un sacrifice, le Prêtre étoit jeune & bien fait, il en devient amoureux, & ne pouvant se contenir, *vix dùm re divinâ peractâ, ibidem statim seductum constupraret, simulque fratrem ejus tibicinem.* ( Suet. ) Quelle horreur, & quelle affreuse dépravation ! Mais pourquoi en serions-nous si surpris, puisque la plupart des fêtes & des solemnités des anciens avoient pour objet ou des dieux très-vicieux, ou même des actions & des événemens infames & scandaleux ? Personne n'ignore ce que c'étoit que les bacchanales & les lupercales ; nous avons vu ce qui arriva du temps de César aux fêtes de la bonne Déesse, écoutons encore ce qu'en dit Juvénal :

> Nota bonae secreta Deae, quum tibia lumbos
> Incitat ; o quantus tunc illis mentibus ardor
> Concubitus ! quae vox saltante libidine ! . . . .
> Tunc prurigo morae impatiens . . . . . . . . . . .
> . . . . desunt homines, mora nulla per ipsam,
> Quo minùs imposito clunem submittat asello.
> *(Juven. Sat. 6.)*

Les jeux floraux étoient un spectacle d'obscénités : *Flora illa*, dit Arnobe, *meretrix obscoenitate ludorum*. L'effronterie des femmes, leurs mouvemens, leurs gestes & leurs attitudes impudiques en faisoient la partie la plus brillante, & le peuple, passant du théatre *ad lupanaria*, célébroit la solemnité de ces jours ; la satyre de Martial est connue :

> Nosses jocosae dulcè cum sacrum Florae
> Festosque lusus, & licentiam vulgi,
> Cur in theatrum, Cato severe, venisti,
> An ideo tantum veneras, ut exires ?

On sait les contrats amoureux qui se faisoient dans le temple d'Isis :

> Jamque exspectatur in hortis,
> Aut apud Isiacae potiùs sacraria lenae. *(Juven. loc. cit.)*

Si Tibère ne put se contenir en voyant un beau jeune homme qui présidoit au sacrifice, il ne fit rien qui fût extraordinaire dans un siècle si corrompu. La satyre 9 de Juvénal sur la dépravation des Romains & des Grands sur-tout, en fait de pédérastie, est un tableau unique, & sa sixieme satyre contre les femmes n'en approche pas même ; nous choisirons ce seul trait : un jeune homme se plaint de l'avarice de son amant, il lui reproche ses complaisances mal payées ; & enfin pour lui ôter toute excuse, il ajoute :

> Verum ut dissimules, ut mittas caetera, quanto
> Metiris pretio, quod, ni tibi deditus essem
> Devotusque cliens, uxor tua virgo maneret ?
> . . . . . . . . . . . Fugientem saepe puellam
> Amplexu rapui : tabulas quoque ruperat, & jam
> Signabat, totâ vix hoc ego nocte redemi,
> Te plorante foris. Testis mihi lectulus, & tu
> Ad quem pervenit lecti sonus, & dominae vox.
> Instabile, ac dirimi coeptum, & jam paene solutum
> Conjugium in multis domibus servavit adulter . . . . .
> . . . . . . . . . . . Foribus suspende coronas
> Jam pater es ; . . . . . . . . . . . . . . .
> Jam tibi filiolus, vel filia nascitur ex me,
> Jura parentis habes, propter me scriberis heres.

Voilà certes une belle obligation que Virron avoit à son mignon Nevulus, qui avoit joui de sa femme dont Virron ne se soucioit guères,

& qu'il céda à son Antinoüs pour en avoir un héritier, *O tempora, o mores!*

Tibère ajouta la cruauté à l'outrage : trouvant un jour les deux frères qui se reprochoient réciproquement leurs débauches, il leur fit casser les jambes à tous les deux : ô la terrible situation que celle de vivre sous un tyran, qui ne permet pas même la plainte !

**Tacitique sepultos**
Suspirant gemitus, indignarique verentur.
*( Claudien. )*

N.21.

# N. XXI.

## Tibère assis avec une troupe de femmes perdues.

<small>Camée de Térence, affranchi.</small>

Voici le comble de l'infamie & de la dépravation. Tibère épuisé par ses débauches, par son âge & par les infirmités dont il étoit accablé, cherchant toujours le plaisir qui le fuyoit, rassembloit des troupes de Nymphes qu'il engageoit à le baiser & à le sucer dans un endroit que la pudeur ne permet pas de nommer, & promenant ses yeux & ses mains sur les charmes de ces jeunes filles, il s'occupoit lui-même à lécher les parties les plus secrettes de celle qui avoit su l'enflammer davantage : ce nouveau genre de débauche fit le sujet d'un camée de Térence, & donna lieu à une plaisanterie très-fine qui fut très-goûtée & très-applaudie lorsque l'acteur de l'Atellane disoit en plein théatre :

<small>Hircum vetulum capris naturam ligurire.</small>

Et l'infortunée Mallonie, dont nous parlerons dans l'article suivant, fit là-dessus de sanglans reproches à Tibère avant que de mourir :

*Obscenitate oris hirsuto atque olido seni clarè expro-bratâ*, dit Suétone.

Nous avons vu ci-devant que Martial s'étoit donné carrière sur ce sujet contre les femmes ; mais ce qui doit paroître bien plus extraordinaire, & qui n'est pas moins vrai, c'est la fureur des hommes pour cette espèce de volupté : le même poëte n'a pas non plus épargné les hommes dans ses sarcasmes ; l'épigramme contre les deux frères est célèbre :

Sunt gemini fratres, diversa sed inguina lingunt
Dicite dissimiles sint magis an similes?

Et celle contre Sextillus :

Rideto multum, qui te, Sextille Cinaedum
Dixerit, & digitum porrigito medium.
Sed nec paedico es, nec tu Sextille fututor
Calda vetustinae nec tibi bucca placet :
Ex istis nihil es, fateor, Sextille, quid ergo es?
Nescio, sed tu scis res superesse duas.

Les poëtes grecs ne tarissoient pas sur un si beau sujet de plaisanterie & de satyre ; & l'on connoît ces deux épigrammes de l'anthologie, dont nous rapporterons la traduction :

Alpheios fuge, osculatur sinus Arethusae
Pronus incidens in salsum pelagus.
\* \* \* \* \* \* \* \* \* \*
Non quod cunnum lingis, ob id te odi,
Sed quod illud facis etiam sine cunno.

Cette dépravation abominable a été plus du goût des Romains que des Grecs, dans leurs beaux jours & dans le temps de leur luxe & de leurs plaisirs; mais en revanche les femmes grecques furent accusées d'être passionnées pour leur sexe, & quoique parmi les Romaines il y eût aussi des Tribades, & que Martial en parle dans ses épigrammes, cependant les femmes d'Ionie & de Lesbos sont celles qui se sont le plus distinguées en cultivant ce genre de volupté : Philénis, dit-on, en fut l'inventrice ; * Iphis, le tendre & malheureux Iphis, brûloit * ainsi pour la belle Ianthé avant que d'avoir changé de sexe, & ses plaintes dans Ovide sont très-pathétiques : & qui est-ce qui ne connoît pas les fureurs & les amours de la tendre Sapho ? Cette dixième Muse aimoit ses compagnes avec autant de passion, qu'elle aima depuis l'insensible Phaon : les fragmens qui nous restent de ses poésies sont un monument immortel de son goût, de son esprit & de la vivacité de ses transports:

> Vivuntque commissi calores
> Aeoliae fidibus Puellae.
> *( Horat. )*

Quoi de plus vif & de plus passionné que cette ode à sa belle Cypria, qui fit l'admiration de toute l'antiquité, que Longin a tant louée, & que Catulle n'a pas dédaigné de traduire?

>Ille mi par esse Deo videtur,
>Ille, si fas est, superare Divos,
>Qui sedens adversus identidem te
>    Spectat &, audit
>Dulce ridentem, misero quod omnes
>Eripit sensus mihi: nam, simul te,
>Cypria, aspexi, nihil est supermi
>    Quod loquar amens.
>Lingua sed torpet; tenues sub artus
>Flamma dimanat; sonitu suopte
>Tintinant aures; gemina teguntur
>    Lumina nocte.
>Manat & sudor gelidus, tremorque
>Occupat totam, velut herba pallent
>Ora, spirandi neque compos, orco
>    Proxima credor.

N.22.

# N. XXII.

## *Tibère & Mallonie.*

Médaille.

TIBERE n'épargnoit pas même les Dames du plus haut rang : ſes ſatellites les lui amenoient de gré ou de force, & les amis intimes du Prince n'étoient pas exceptés, comme le prouve l'hiſtoire de Marcus Sextus. Ce ſénateur vivoit dans la plus grande familiarité avec Tibère, c'étoit même une eſpèce de favori, qui, par la protection & l'appui de l'Empereur, avoit acquis des richeſſes immenſes & une puiſſance ſans bornes ; malgré cela il fallut, pour qu'il évitât le ſort de tant d'autres, qu'il cachât aux yeux de la cour ſa fille, qui étoit un prodige de beauté, & qu'il ſe privât du plaiſir de vivre avec elle ; il fut obligé de l'éloigner, mais ſes précautions furent cauſe de ſa perte & de celle de ſa fille, car il fut accuſé peu de temps après d'en abuſer lui-même, & il fut condamné avec elle au dernier ſupplice. C'étoit peut-être la jalouſie de Tibère qui le chargeoit de ce crime, peut-être auſſi s'en étoit-il ſouillé, car dans ce ſiècle de corruption il y eut plus d'un Auguſte & plus d'une Julie :

Paucae adeo Cereris vittas contingere dignae
Quarum non timeat pater oscula.
(*Juven. Sat. 6.*)

Mais l'histoire qui fit alors le plus grand bruit, ce fut celle de la malheureuse Mallonie, dont nous avons la médaille : *Quam perductam, nec quidquam ampliùs pati constantissimè recusantem, delatoribus objecit : ac ne ream quidem interpellare desiit, Ecquid poeniteret ? Donec ea, relicto judicio domum se abripuit, ferroque transegit.* ( Sueton. ) Et ce fut alors qu'elle lui fit le reproche honteux que nous avons rapporté à l'article précédent. Cette illustre Romaine mérita ainsi autant d'éloges que l'ancienne Lucrèce, dont à l'occasion du malheur de Mallonia, on ne manqua pas à Rome de rappeller l'histoire & de comparer Tibère au fils de Tarquin, qui avoit deshonoré une Dame si respectable.

Dans les beaux jours de la République on préféroit la mort au deshonneur, témoin le père de Virginie qui aima mieux immoler sa fille que de l'abandonner à la brutalité du Décemvir : mais les moeurs dégénérèrent peu à peu, & la dépravation devint horrible ; il y eut cependant de temps en temps des exemples de l'ancienne sévérité. L'histoire de Lusius neveu du fameux Marius est célèbre : ce tribun étoit passionnément amoureux du jeune Tribonius soldat d'une figure telle qu'on peint Adonis ou Nirée, mais ses sollicitations étant inutiles, il se servit d'un stratagème : il lui envoya ordre de le venir trouver, Trébonius obéit, Lusius voulut lui faire violence, mais le jeune homme ne pouvant s'échapper autrement tira son épée & le tua d'un seul coup : on l'accusa devant Marius oncle du mort & général en chef; l'accusé se défendit, exposa le fait, le prouva, & Marius, au lieu de le punir, le récompensa aux yeux de toute l'armée.

Si Philippe, Roi de Macédoine & père du grand Alexandre, eût eu le même courage & la même intégrité envers Attalus qui avoit deshonoré le jeune Pausanias, celui-ci n'auroit pas trempé les mains dans le sang de son Roi, & ce grand Prince n'eût pas été tué au milieu de ses grands projets & dans le cours de ses prospérités.

Cependant il n'est que trop vrai, que du temps de Tibère, peu de femmes suivirent l'exemple de Mallonia; elles cherchoient au contraire tous les moyens de plaire non-seulement au Prince, mais encore à ses favoris. Séjan, qui jouissoit de toute l'autorité, n'avoit pas assez de temps à donner aux femmes de la plus haute qualité qui le recherchoient avec empreſſement ; il oſa même lever les yeux ſur la famille régnante, & ayant réuſſi à corrompre Livie femme de Druſus fils ainé de Tibère, il forma avec elle le projet d'empoiſonner ſon mari ; car, comme le remarque Tacite, une femme qui a une fois renoncé à l'honneur ne ſait plus rien refuſer : rien n'eſt plus vrai que cette réflexion , & Properce eſt là-deſſus d'accord avec Tacite dans les vers ſuivans :

> Vos, ubi contemti rupiſtis frena pudoris,
>   Neſcitis captae mentis habere modum. . . . . . .
> Teſtis, Cretaei faſtus quae paſſa juvenci
>   Induit abiegnae cornua falſa bovis. . . . . . . .
> Crimen & illa fuit patria ſuccenſa ſenecta
>   Arboris in frondes condita Myrrha novae.
> Nam quid Medeae referam, quo tempore matris
>   Iram natorum caede piavit amor ?
> Quidve Clytemneſtrae, propter quam tota Mycenis
>   Infamis ſtupro ſtat Pelopea domus ?

N.º 23.

# N. XXIII.

## Caligula, jeune encore, couché avec sa sœur Drusille, est surpris par sa grand'mère Antonia.

Médaille.

CALIGULA successeur de Tibère, fils de Germanicus & d'Agrippine, fut un monstre de cruauté, de lubricité & de folie : il avoit su dissimuler ses vices, & cacher si bien son naturel aux yeux de la cour & des Romains, qu'on dit de lui, quand il se montra au naturel, *Neque meliorem unquam servum, neque deteriorem dominum fuisse.* Tibère, qui se connoissoit en hommes, n'avoit point été la dupe de sa dissimulation : il disoit quelquefois en soupirant, *exitio suo omniumque Caium vivere, & se natricem (serpentis id genus) populo Romano, & Phaetontem orbi terrarum educare.* Un jour que Caligula se moquoit de Sylla, Tibère lui répondit en colère, *omnia te Sullae vitia, & nullam ejusdem virtutum habiturum praedico.* ( Sueton. ) Nous ne parlerons ici que de ses débauches : il commença de bonne heure à s'y livrer, & il débuta dans cette carrière par un inceste. Il étoit encore tout jeune, & élevé alors avec ses sœurs chez Antonia sa grand'mère. Cette respectable femme, ayant sans doute eu quelque lieu de concevoir un pareil soupçon, se leva un jour de grand matin, pénétra sans faire de bruit dans l'appartement de ses petites filles, & trouva leur frère Caius couché avec Drusille dont il goûtoit les prémices : *Ex his Drusillam vitiasse virginem praetextatus adhuc, creditur, atque etiam in concubitu ejus quondam deprehensus ab avia Antonia, apud quam simul educabantur.* ( Sueton. ) Nous verrons dans la suite qu'il n'épargna pas ses deux sœurs cadettes, mais ce fut Drusille qui captiva son cœur, & il fit mille folies pour elle : l'ayant fait épouser à L. Cassius Longinus, homme consulaire, il la lui arracha, la garda chez lui, & la traita toujours comme sa femme : dans une maladie où l'on craignit pour ses jours, il lui laissa tous ses biens, la déclara héritière de l'empire; & après que la mort la lui eut enlevé, il ordonna un deuil public, & il poussa la douleur & la démence à un tel excès, qu'il défendit, sous peine de mort, de rire, de se baigner & de souper avec sa famille.

Ces amours incestueux étoient alors fort à la mode : nous avons déja vu que Clodius, l'ennemi de Cicéron, en avoit été publiquement soupçonné; & nous pourrions citer ici plusieurs autres exemples de cette dépravation qui ne surprenoit presque plus personne, tant les moeurs étoient corrompues. Chez les Perses & chez les Egyptiens il étoit permis d'épouser sa soeur, & l'on sait que la fameuse Cléopatre, avant que de se livrer à l'amour de César, avoit déja épousé son frère Ptolomée, avec qui elle vivoit comme son épouse légitime ; mais les Grecs & les Romains ont toujours eu de l'horreur pour ces sortes de mariage, & Agrippine nièce de Claude ayant voulu épouser son oncle, ce prince n'osa pas s'y déterminer sans y être autorisé par un décret particulier du sénat, dont la servile complaisance se plia aisément à la volonté du despote : & malgré ce décret, Agrippine qui avoit séduit l'Empereur par ses caresses, fut toujours l'objet de l'exécration du peuple, qui lui pardonnoit plutôt ses adultères, son avarice, son ambition & ses violences que son mariage avec son oncle.

Dans la belle Héroïde de Canace à Macarée, Ovide nous peint d'après nature la honte de cette fille infortunée qui, s'étant abandonnée à un amour criminel pour son frère, fut ensuite la victime de la cruauté d'Eole son père; mais l'histoire de Byblis, dans le livre 9 des Métamorphoses, est encore plus touchante :

Byblis in exemplo est, ut ament concessa puellae.
Byblis Apollinei correpta cupidine fratris,
Non, soror ut fratrem, nec quâ debebat amavit.

Elle s'abandonnoit avec Caunus à toute sa tendresse, & le caressoit avec l'innocence d'une sœur : l'amour se glissa peu à peu dans son cœur, elle s'en apperçut, & en fut effrayée, mais elle ne put résister; elle écrivit à son frère, lui déclara sa flamme, & en fut rebutée avec horreur. Son désespoir fut extrême, elle s'autorisoit de l'exemple des Dieux, se jetta aux pieds de Caunus qui fut inflexible. Alors la malheureuse Byblis hors d'elle-même, voyant son frère parti, n'eut plus de frein, elle avoua publiquement sa passion :

> Jamque palam est demens ; inconcessamque fatetur
> Spem veneris.

Elle quitta la maison paternelle, pour aller chercher par-tout l'objet de sa tendresse criminelle ; elle s'abandonne à sa douleur, se refuse à toutes les consolations de ses compagnes, nomme Caunus, l'appelle à son secours, & meurt enfin consumée d'amour & de regrets. Les Nymphes, selon la fable, la transformèrent en une fontaine :

> Sic lacrymis consumpta suis Phoebeïa Byblis
> Vertitur in fontem, qui nunc quoque vallibus illis
> Nomen habet dominae, nigrâque sub ilice manet,

N.24.

# N. XXIV.
## Caligula couché au milieu de ses trois sœurs, à table.

*Médaille.*

QUOIQUE Caligula fût éperdument amoureux de Drusille, lui qui se croyoit tout permis, & qui disoit à son aïeule Antonia, *Scito mihi omnia, & in omnes licere* ; il auroit cru déroger à sa puissance, s'il avoit épargné ses autres sœurs : il avoit un commerce criminel avec toutes trois, & dans tous ses grands repas il les faisoit asseoir l'une après l'autre à sa gauche, les caressoit & s'amusoit avec elles sans aucune réserve, en présence de sa femme qui étoit assise à sa droite, & de tous les conviés. Il s'autorisoit de l'exemple de Jupiter ; & Dion Cassius rapporte de lui : *Jovem enim se fingebat esse, solitus dicere ob eam causam se cum plerisque mulieribus, sed praesertim cum sororibus rem habere.* Cependant il n'aimoit pas les deux cadettes autant que Drusille, puisqu'il poussa le mépris & l'indifférence pour elles, jusqu'à les prostituer à ses bouffons & à ses mignons : qu'on juge par-là des horreurs qui se commettoient dans son palais ! Enfin il voulut s'en défaire pour profiter de leurs richesses ; il eut l'audace de les accuser d'adultère, & les condamna à l'exil.

Ce Prince étoit sanguinaire, & se plaisoit au milieu des bourreaux, des supplices & des mourans, autant & plus que dans les parties de plaisir. Irrité contre les Romains & ne pouvant se rassasier de carnage, il dit ce mot si célèbre dans toute l'antiquité *Utinam populus romanus unam cervicem haberet.* On l'entendoit quelquefois se plaindre de son malheur de ce qu'il n'arrivoit aucune calamité publique sous son règne : *Queri etiam palàm de conditione temporum suorum solebat, quod nullis calamitatibus publicis insignirentur ...... sui oblivionem imminere prosperitate rerum. Atque identidem exercituum caedes, famem, pestilentiam, incendia, hiatum aliquem terrae optabat.* ( Sueton. )

Comment est-il possible qu'un homme qui aime les femmes & les plaisirs eût une ame si atroce, & si avide de sang humain ? On dit que l'amour adoucit la férocité des animaux même les plus cruels, & change le caractère : César disoit qu'il ne craignoit ni Antoine ni Dolabella, parce que des gens toujours parfumés & livrés à leurs plaisirs n'ont ni le temps ni la volonté de commettre des crimes atroces ; les anciens ont feint que Pluton même céda aux charmes inconnus de la volupté, & calma ses fureurs : il alloit bouleverser le monde, on lui parle de noces, & d'une belle femme :

> Vix ille pepercit
> Erubuitque preces, animusque relanguit atrox,
> Quamvis indocilis flecti : ceu turbine rauco
> Cum gravis armatur boreas, glacieque nivali
> Hispidus, & getica concretus grandine pennas
> Flare cupit, pelagus, silvas, camposque sonoro
> Flamine rapturus ; si forte adversus ahenos
> Aeolus objecit postes, vanescit inanis
> Impetus, & fractae redeunt in clauftra procellae.
> *( Claudian. de raptu Proserp.)*

Tout cela est vrai, mais il faut distinguer l'amour honnête, délicat & tendre, de la débauche. Cette dernière peut s'allier avec tous les crimes, comme nous le verrons en parlant d'autres Empereurs tous également cruels & débauchés; ce n'est qu'à l'amour honnête qu'il est donné d'élever l'ame, d'adoucir les moeurs, & d'être le plus ferme appui de la vertu : les mêmes anciens en étoient bien persuadés, eux qui distinguoient la Vénus terrestre de la Vénus Uranie ou céleste; & c'est de cette dernière qu'ils chantoient cette hymne si belle attribuée à un poëte nommé Proetus, & dont voici la traduction, tirée d'une collection de poëtes grecs :

Sed Dea, ubique enim habes acutè audientem aurem;
Sive coerces magnum coelum, illuc te dicunt
Animam aeterni mittere mundi divinam;
Sive & septem circulorum super rotas aethere habitas,
Splendoribus nostris potentias profundens indomitas;
Audi & laboriosam meam vitae profectionem
Guberna tuis veneranda justissimis sagittis,
Sedans desideriorum haud piorum horridum amorem.

N. 26.

# N. XXV.

*Caligula est à table, voit la femme de Pison, en devient amoureux, se lève, & l'entraîne dans une autre chambre.*

Médaille.

UN homme qui couchoit publiquement avec ses soeurs, & qui les prostituoit à ses compagnons de débauche, ne devoit pas épargner les matrones & les femmes de ses amis. Dion Cassius nous peint emphatiquement en peu de mots jusqu'où l'Empereur Caligula poussa le libertinage : *Adulter praeter ceteros homines fuit.* Et Suétone achève le tableau, en disant : *Non temere ulla illustriore foemina abstinuit.* Il invitoit souvent à souper des jolies femmes avec leurs maris, & les passant en revue les unes après les autres il les examinoit attentivement par-tout, comme des esclaves qu'il eût voulu acheter, en élevant même avec sa main le visage de celles à qui la pudeur faisoit baisser les yeux. Il sortoit enfin de la salle du festin avec celle qui lui avoit plu davantage, & il y rentroit peu de temps après avec toutes les marques de son infamie, louant en préfence de tous les conviés ce qu'il avoit trouvé bon, & blâmant ce qui ne l'avoit pas fatisfait.

Il eft difficile de décider fi Caligula fe déshonora davantage, en prenant des époufes, ou en les gardant ou en les répudiant. Ayant appris que l'aïeule de Lollia Paulina avoit été célèbre par fa beauté, il la fit venir de Macédoine où fon mari Memmius perfonnage confulaire étoit à la tête d'une armée ; & il l'époufa après avoir obligé Memmius à la lui fiancer, pour ne pas paroître agir contre les loix en oubliant cette cérémonie, tant il fe moquoit avec impudence de ce qu'il y avoit de plus facré ; & comme il étoit auffi capricieux & inconftant, qu'ardent & impétueux, il la renvoya peu de temps après en avoir joui, en lui défendant d'entrer jamais dans le lit de perfonne : mais ce qui le caractérife davantage c'eft fon hiftoire avec Livie Oreftille femme de C. Pifon qui eft repréfentée dans cette médaille : ayant été invité au feftin de leurs noces, il vit Pifon fe placer auprès d'Oreftille; & en étant devenu tout-à-coup amoureux, il fit dire à Pifon de ne pas avoir l'audace de toucher la femme de Céfar, *Noli uxorem meam premere*, & fans attendre fa réponfe il fortit de table & emmena avec lui cette jeune beauté, & le lendemain il fit publier un édit pour justifier cette violence, dans lequel il déclara qu'il s'étoit marié comme Romulus & comme Auguste.

Il est vrai que Marc Antoine avoit reproché à Auguste *Foeminam consularem e triclinio viri coràm in cubiculum abductam, rursus in convivium rubentibus auriculis, incomptiore capillo reductam.* (Suet.)

Tous ces désordres se commettoient dans les grands repas; les maris étoient complaisans, les femmes faciles & les amans favorisés : Juvénal nous fait une peinture si énergique des excès où les femmes se livroient dans ces occasions, que nous ne pouvons nous dispenser de la transcrire :

Quid enim Venus ebria curat?
Inguinis & capitis quae sint discrimina, nescit,
Grandia quae mediis jam noctibus ostrea mordet,
Quum perfusa mero spumant unguenta falerno,
Quum bibitur conchâ, quum jam vertigine tectum
Ambulat, & geminis exsurgit mensa lucernis.
I nunc, & dubita quâ sorbeat aëra sannâ
Tullia, quid dicat notae Collacia maurae,
Maura pudicitiae veterem quum praeterit aram.
Noctibus hîc ponunt lecticas, micturiunt hîc,
Effigiemque Deae longis siphonibus implent ;
Inque vices equitant, ac, Lunâ teste, moventur.
Inde domos abeunt, tu calcas luce reversa
Conjugis urinam magnos visurus amicos.

( *Juven. Sat.* 6. )

Ovide peint d'une autre manière les suites de la bonne chère & de la débauche :

> Cura fugit multo, diluiturque mero......
> Illic faepe animos juvenum rapuere puellae;
> Et Venus in vinis, ignis in igne fuit.
> Saepe illic positis, teneris abducta lacertis
> Purpureus Bacchi cornua pressit amor.
> *(Ovid. de art. amand.)*

Le même poëte donne à sa maîtresse des leçons sur les moyens de favoriser à table un amant malgré toute la vigilance de son argus :

> Cum premet ille torum, vultu comes ipsa modesto
> Ibis ut accumbas, clam mihi tange pedem......
> Cum tibi succurret Veneris lascivia nostrae
> Purpureas tenero pollice tange genas......
> Saepe mihi, dominaeque meae properata voluptas
> Veste sub injecta dulce peregit opus.
> *(Amor. Eleg. 3, lib. 1.)*

N.º 26.

# N. XXVI.

## Caligula épris des charmes de Céfonia, la fait voir toute nue à ſes amis.

*Camée d'Apollodore de Meſsène.*

Apres la mort de Druſille, Céſonia fut celle qui captiva le coeur de Caligula, & en fut aimée ſans partage : il étoit ſi enivré d'amour pour cette femme, *ut ſaepe chlamide peltâque & galeâ ornatam, & juxta adequitantem militibus oſtenderit : amicis verò etiam nudam.* Il n'avoit pas honte de la baiſer en préſence de tous ſes amis, & au milieu de ſes troupes : cette femme étant accouchée dans ſon palais, il ſe déclara le même jour le mari de la mère, & le père de l'enfant : c'étoit une fille qu'il appella Druſille, & dont il devint ſi fou qu'il la porta dans tous les temples de Rome, & la plaça ſur les genoux de Minerve pour l'engager à l'élever & à l'inſtruire. Cependant Céſonia n'étoit ni extrêmement belle, ni dans la première jeuneſſe, elle avoit même déja eu trois enfans d'un premier mari, auſſi ſoupçonna-t-on que pour s'attacher le coeur de Caligula elle lui avoit fait avaler une potion enchantée :

> Ut avunculus ille Neronis,
> Cui totam tremuli frontem Caesonia pulli
> Infudit.             ( *Juven. Sat. 6.* )

Personne n'ignore combien les payens étoient persuadés de la puissance de la magie, & des philtres enchantés pour gagner le coeur d'un jeune homme ou d'une belle : nous avons là-dessus la huitième églogue de Virgile, intitulée *Pharmaceutria*, & plusieurs autres pièces de Tibulle, de Properce & d'Ovide; mais rien n'égale, à notre avis, la seconde idylle de Théocrite, dont nous allons choisir quelques morceaux :

> Ubi mihi Lauri ? affer Thestyli ; ubi autem philtra ?
> Coronato poculum punicea ovis lana,
> Ut meum amatorem, qui me male habet, magico carmine attraham...
> Nunc magicis cum sacris excantabo : sed luna
> Luceas belle, tibi enim summissa voce canam carmina, o Dea......
> Salve Hecate terribilis, & ad finem usque nobis adsis......
> Sparge Thestyli, & dic haec : Delphidis ossa spargo,
> Conjuga tu illum trahe virum ad domum meam.........
> Sicut hanc ceram ego, Deo juvante liquefacio
> Sic liquescat amore Myndius statim Delphis.
> Et sicut volvitur hic turbo aeneus ex venere
> Sic ille volvatur ad nostras fores.........
> Ter libo, & ter haec verba, o veneranda, dico
> Sive foemina illi accubat sive mas
> Tantum ejus obliviscatur, quantum Thesea dicunt
> In Dia oblitum fuisse pulchrae nimium Ariadnes.

La belle après avoir fait l'hiſtoire de ſes amours & des premiers plaiſirs qu'elle goûta avec Daphnis : *Perfecta ſunt omnia, dit-elle, & quo cupiebamus uterque pervenimus.* Elle ſe plaint enſuite que Daphnis l'abandonne, & le menace non-ſeulement de ſe ſervir contre lui de philtres, mais de l'envoyer chez les morts par des poiſons enchantés, dont un Aſſyrien lui avoit appris le ſecret :

> Quod ſi praeterea me
> Offendat, orci fores per Parcas pulſabit ;
> Talia ei in ciſta mala pharmaca dico ſervare,
> Aſſyrio Domina ab hoſpite, quae didici.

Malgré tout cela il y a bien plus d'apparence que la véritable cauſe de l'extrême paſſion de Caligula pour Céſonie fut l'extrême lubricité de cette femme, dont Suétone dit qu'elle étoit *luxuriae ac laſciviae perditae.*

Il eſt ſûr que ce talent eſt celui qui charme davantage un débauché de profeſſion ; Ariſtenete, dans une de ſes lettres grecques, eſt de cet avis, & le poëte des amours avoue de bonne foi que les femmes de moyen âge lui plaiſoient davantage par cette raiſon :

> Adde quod eſt illis operum prudentia major
> Solus & artifices qui facit uſus adeſt.
> Illae munditiis annorum damna rependunt,
> Et faciunt cura ne videantur anus.

Utque velis venerem, jungunt per mille figuras,
  Inveniet plures nulla tabella modos.
Illis sentitur non irritata voluptas,
  Quod juvat ex aequo foemina virque ferunt.....
Me voces audire juvat sua gaudia fassas
  Utque morer meme sustineatque rogem.
Aspiciam dominae victos amentis ocellos
  Langueat, & tangi se vetet illa diu.
Haec bona non tribuit primae natura juventae,
  Quae cito post septem lustra venire solent......
Ad venerem quicumque voles attingere seram
  Si modo duraris praemia digna feres.
              *(Ovid. de art. amand. lib. 2.)*

N.27.

# N. XXVII.

## *Caligula au milieu de deux jeunes gens, pendant que ses amis sont à table avec des matrones.*

Médaille.

IL y a dans l'anthologie une belle épigramme qui explique assez bien le sujet de cette médaille. La voici traduite par Ausone :

> Tres uno in lecto : stuprum duo perpetiuntur
> Et duo committunt, quatuor esse reor.
> Falleris, extremis da singula crimina & illum
> Bis numeres medium, qui facit & patitur.

C'est précisément la débauche que fit Caligula au milieu de Lépidus & de Valérius Catullus : la monstrueuse lubricité de l'Empereur ajouta une circonstance affreuse à cette scène, c'est qu'on la représenta en présence de plusieurs autres personnes qui soupoient tranquillement, & jouissoient en même temps d'un tel spectacle.

> Huc huc convenite nunc spathalo cinaedi,
> Pede tendite ; cursum addite, convolate plantâ
> Femore facili, clune agili, & manu procaces
> Molles, veteres, Deliaci manu recisi.
>
> ( *Petron.* )

Ce Valérius Catullus étoit un jeune homme d'une naiſſance très-illuſtre, il ſe vanta un jour publiquement d'avoir abuſé de l'Empereur qui lui avoit épuiſé les reins dans le commerce qu'il avoit eu avec lui : Caligula n'eut pas honte de ſe ſoumettre à des bouffons, à des mimes, & entr'autres au pantomime Mneſter, à un certain Appelles acteur de tragédie, à Praſinus, à Cithicus & à bien d'autres ; les Romains avoient tant de foibleſſe pour ces mimes & pour les danſeurs de théatre, que bien ſouvent il fallut que les Princes eux-mêmes ſe ſerviſſent de toute leur autorité pour arrêter de tels excès : le célèbre Roſcius fut les délices de Q. Catulus, & l'antiquité n'a rien de plus voluptueux & de plus délicat que l'épigramme ancienne de ce poëte :

> Conſtiteram exorientem auroram forte ſalutans
> Cum ſubito a laeva Roſcius exoritur.
> Pace mihi liceat Caeleſtes dicere veſtra
> Mortalis viſus pulchrior eſſe Deo.

Le fameux Bathylle, Pâris & Pilade étoient l'idole des Grands & des Dames romaines, & il n'y avoit que les gladiateurs qui oſaſſent leur diſputer le coeur & les faveurs de ces Matrones.

> Cheironomon Ledam molli ſaltante Bathyllo,
> Tuccia veſicae non imperat ; appula gannit
> Sicut in amplexu : ſubitum & miſerabile longum
> Attendit Thymele ; Thymele tunc ruſtica diſcit.

Aſt aliae, quoties aulaea recondita ceſſant,
Et vacuo clauſoque ſonant fora ſola theatro,
Atque a plebeis longè Megaleſia, triſtes
Perſonam thyrſumque tenent & ſubligar acci.
Urbicus exodio riſum movet Attellanae
Geſtibus Autonoës; hunc diligit Aelia pauper.
Solvitur his magno comoedi fibula. Sunt quae
Chryſogonum cantare vetent; Hiſpulla tragoedo
Gaudet. . . . . . . . . . . . . . . .
Accipis uxorem, de qua citharoedus Eſchion
Aut Glaphyrus fiat pater, Ambroſiuſque **Choraules**.
Longa per anguſtos figamus pulpita vicos,
Ornentur poſtes & grandi janua lauro,
Ut teſtitudineo tibi, Lentule, conopeo
Nobilis Euryalum mirmillonem exprimat infans. . . . .
Nupta ſenatori comitata eſt Hippia ludum
Ad Pharon & Nilum. . . . . . . . . . . . .
Immemor illa domûs, & conjugis atque ſororis,
Nil patriae indulſit, plorantesque improba gnatos
Utque magis ſtupeas, ludos, Paridemque reliquit. . . .
Quae moechum ſequitur, ſtomacho valet. Illa maritum
Convomit. . . . . . . . . . . . . .
Quà tamen exarſit formâ, quâ capta juventâ
Hippia? quid vidit, propter quod ludia diei
Suſtinuit? . . . . . . . . . . . . . . .
Sed gladiator erat; facit hoc illos Hiacinthos,
Hoc pueris patriaeque, hoc praetulit illa ſorori
Atque viro. Ferrum eſt quod amant. . . . . . . .
(*Juven. Sat.* 6.)

N.º 28.

# N. XXVIII.

*Caligula prié par Cassius Cherea de lui donner le mot de guerre, lui tend la main en une forme obscène, & donne le mot* Priape, *ce qui fut cause de sa mort.*

Camée d'Apollodore de Messène.

LES débauches, les folies & les crimes de Caligula étoient parvenus à un tel excès, que les Romains se lassèrent de souffrir un tel monstre : ils l'avoient toléré jusqu'alors en mémoire de son père Germanicus, les délices & l'idole du peuple romain & de tout l'empire, mais à la fin ils secouèrent le joug. Comment en effet vivre sous un tyran qui se plaisoit à répandre le sang des plus illustres sénateurs, & qui se plaignoit de n'être pas assez puissant pour inventer de nouveaux supplices pour la destruction de tout le genre humain? qui abusoit des femmes du plus haut rang sans pudeur, & les couvroit après d'ignominie? qui avoit une espèce de serrail où l'on entraînoit de gré ou de force les enfans les mieux faits, & les jeunes filles les plus belles & de la plus grande naissance, pour servir aux plaisirs effrénés du tyran ? qui proſtituoit les plus éminentes dignités aux plus mépriſables des hommes, à des mimes, à des bouffons, & même à ſon cheval favori, qu'il faiſoit ſervir en vaiſſelle d'or, & qu'il vouloit déclarer ſon collègue au conſulat ? un impie enfin, qui n'étant pas même digne du nom d'homme, affectoit cependant de paſſer pour un Dieu ? On n'a qu'à lire Philon juif, dans ſa légation, pour voir tout ce que les Juifs eurent à ſouffrir de cette extravagance de l'Empereur, qui vouloit placer ſa ſtatue dans le temple de Jéruſalem : il ſe vantoit publiquement de coucher avec la Lune, & qu'étant Jupiter il devoit, à ſon exemple, jouir de toutes les femmes & abuſer de ſes ſoeurs : il s'habilloit quelquefois en Junon, en Diane, en Vénus, & il prenoit alors tous les emblêmes & les ornemens qui étoient propres à ces divinités : très-ſouvent il étoit Hercule, ou Pluton avec ſon trident, ou Pallas ou Bacchus, & il ſe livroit à toutes les fureurs & les excès des Bacchantes : il avoit fait mettre ſa ſtatue d'or au Capitole, il avoit des prêtres & des autels où chaque jour on lui offroit des ſacrifices : il feignoit de parler en ſecret à Jupiter, & quelquefois il le menaçoit de le renvoyer en Grèce : il lançoit auſſi la foudre, & quand elle tomboit du ciel, il jettoit par vengeance une pierre en l'air, & s'écrioit, *Aut tu me interficias aut ego te.*

Enfin le moment fatal arriva, & Caffius Cherea délivra Rome de cet opprobre. Cherea étoit un officier diftingué, d'une probité reconnue, & févère dans fes moeurs : Caligula fe plaifoit à l'avilir, il ne perdoit aucune occafion de le faire paffer pour un homme lâche & efféminé ; & quand, par le devoir de fa charge, il venoit lui demander le mot, il lui donnoit tantôt celui de *Priape*, tantôt celui de *Vénus* ; & s'il venoit fous quelque prétexte le remercier, il employoit un gefte obfcène en lui préfentant fa main à baifer. Cherea, indigné de ces humiliations, projetta de s'en venger : il affocia à fes deffeins Cornélius Sabinus, & pendant que l'Empereur paffoit par un corridor pour aller voir habiller fes mimes, Cherea lui donna un grand coup qui fut fuivi de trente autres bleffures : tous ceux qui étoient préfens voulurent fe donner le plaifir de tremper leurs mains dans le fang du tyran, & il y en eut même quelques-uns qui déchirèrent avec les dents fon cadavre encore fumant.

Après la mort de Caligula un centurion tua Céfonia fa femme d'un coup d'épée, & écrafa fa fille Drufille contre les murs du palais : telle fut la fin de ce monftre & de fa famille ; peut-être Céfonia méritoit-elle auffi la mort, mais qu'avoit fait cet enfant ? pourquoi le punir des crimes de fes parens ? Cette barbarie a été prefqu'univerfelle, & déja du temps de Tibère après la condamnation de Séjan, on fit mourir tous ses enfans, jufqu'à une petite fille qui auroit dû être un objet de compaffion & de tendreffe. *Placitum pofthac ut in reliquos Sejani liberos adverteretur, vanefcente quamquam plebis ira, ac plerifque per priora fupplicia lenitis. Igitur portantur in carcerem filius imminentium intelligens, puella adeo nefcia, ut crebro interrogaret, quod ob delictum & quo traheretur? neque facturam ultra, & poffe fe puerili verbere moneri.... & quia triumvirali fupplicio affici virginem inauditum habebatur, aiunt a carnifice, laqueum juxta, compreffam: exin oblifis faucibus, id aetatis corpora in gemonias abjecta.* ( Tacit. lib. 5. )

Quelle injuftice & quelle inhumanité! Les Grecs après le fiége de Troye firent de même à l'égard d'Aftyanax fils d'Hector, & l'unique rejetton de la famille de Priam, ils l'arrachèrent des bras de fa mère, & le précipitèrent du haut d'une tour.

> .... quos enim praeceps locus
> Reliquit artus? offa disjecta & gravi
> Elifa cafu: figna clari corporis
> Et ora, & illas nobilis patris notas
> Confudit imam pondus ad terram datum.
> Soluta cervix, filicis incuffa caput
> Ruptum cerebro penitus expreffo, jacet
> Deforme corpus.
>                     ( Senec. Troad. Traged. )

N.29.

# N. XXIX.

## *Messaline femme de l'Empereur Claude, épouse publiquement C. Silius.*

Médaille.

SI tous les auteurs contemporains & de la plus grande autorité n'attestoient pas la vérité du trait d'histoire auquel fait allusion cette belle médaille, on auroit assurément de la peine à se persuader qu'une femme & une Impératrice fût capable d'un attentat si inoui. On connoît assez Messaline & son caractère : son nom seul suffit pour nous retracer l'idée de la débauche & de la lubricité la plus effrénée, mais rien ne fait connoître davantage l'emportement de ses passions & l'imbécilité de l'Empereur Claude son époux que son mariage avec C. Silius, jeune homme de la plus haute naissance & de la plus belle figure : elle en étoit devenue si éperdument amoureuse qu'elle l'obligea à répudier Silia Silana afin de jouir toute seule de ce jeune adultère. Dégoûtée de la multitude de ses amans, & s'étudiant à trouver des sensualités inconnues, elle résolut de l'épouser, trouvant un rafinement de plaisir dans le comble de l'infamie, ainsi qu'il est ordinaire à ceux qui ont renoncé à toute pudeur. Elle eut la témérité de célébrer ce mariage dans une ville comme Rome qui divulgue tout ce qu'elle sait, dans un moment où l'Empereur son mari n'en étoit éloigné que de quelques lieues ; elle osa y appeller à point nommé des témoins pour signer le contrat, elle osa répondre aux paroles des auspices, sacrifier aux Dieux, se mettre à table parmi les conviés, baiser son amant & l'embrasser devant toute la compagnie, & enfin elle osa passer la nuit avec lui dans toutes les privautés conjugales : plus dissolue que jamais après une telle hardiesse, profitant de l'automne, elle célébra dans sa maison la fête des vendanges toute échevelée, le thyrse à la main, pendant que Silius à ses côtés, couronné de lierre & le cothurne au pied, jettoit la tête çà & là, comme s'il eût été ivre, & que les menades chantoient & dansoient autour de lui avec les postures les plus lascives.

> Optimus hic, & formosissimus idem
> Gentis patriciae rapitur miser extinguendus
> Messalinae oculis : dudum sedet illa parato
> Flammeolo, Tyriusque palam genialis in hortis
> Sternitur, & ritu decies centena dabuntur
> Antiquo ; veniet cum signatoribus auspex.
> Haec tu secreta & paucis commissa putabas ?
> Non nisi legitimè vult nubere. ( *Juven. Sat.* 10.)

Oh qu'Ovide avoit raison de s'écrier que l'amour chez les femmes va plus loin que chez les hommes !

> Parcior in nobis, nec tam furiosa libido est
> Legitimum finem flamma virilis habet.
> Byblida quid referam, vetito quae fratris amore
> Arsit, & est laqueo fortiter ulta nefas ?
> Myrrha patrem, sed non qua filia debet, amavit,
> Et nunc obducto cortice pressa latet. . . . . . . .
> Cressa Thyesthaeo si se abstinuisset amore
> (O quantum est uni posse placere viro !)
> Non medium rupisset iter curruque retorto
> Auroram versis Phoebus adisset equis ;
> Filia purpureos Niso furata capillos
> Puppe cadens celsa, facta refertur avis.
> Altera sylla maris monstrum, medicamine Circes
> Pube premit rapidos inguinibusque canes.
> Omnia foeminea sunt ista libidine nota
> Acrior est nostra plusque furoris habet.
> *(Ovid. de art. am. lib. 1.)*

**Properce** avoit dit avant lui :

> Vos ubi contempti rupistis frena pudoris
> Nescitis captae mentis habere modum.
> Flamma per incensas citius sedetur aristas,
> Fluminaque ad fontis sint reditura caput. . . . . . .
> Quam possit vestros quisquam reprehendere cursus,
> Et rapidae stimulos frangere nequitiae.

**L'amour** est la grande affaire des femmes, c'est par-là qu'elles brillent, & celles même qui s'en soucient le moins, ne laissent pas d'être sensibles au plaisir d'inspirer des desirs ; il y a long-temps qu'Ovide a dit d'elles :

> Quae dant, quaeque negant, gaudent tamen esse rogatae.

N.30.

# N. XXX.

## *Messaline se déguise, & va dans un mauvais lieu sous le nom de la courtisanne Licisca.*

Camée de Craterus, grec de nation.

VOICI encore une autre scène d'abomination qui regarde Messaline; Juvénal nous la peint avec des couleurs si vives, qu'il est impossible d'y rien ajouter :

>Respice rivales Divorum: Claudius, audi,
>Quæ tulerit. Dormire virum quùm senserat uxor,
>Ausa Palatino tegetem praeferre cubili,
>Sumere nocturnos meretrix Augusta cucullos,
>Linquebat, comite ancillâ non amplius unâ :
>Sed, nigrum flavo crinem abscondente galero,
>Intravit calidum veteri centone lupanar,
>Et cellam vacuam atque suam : tunc nuda papillis
>Prostitit auratis, titulum mentita Lyciscae,
>Ostenditque tuum, generose Britannice, ventrem.
>Excepit blanda intrantes, atque aera poposcit.
>Mox, lenone suas jam dimittente puellas,
>Tristis abit : sed quod potuit, tamen ultima cellam
>Clausit, adhuc ardens rigidae tentigine vulvae,
>Et resupina jacens multorum absorbuit ictus,
>Et lassata viris necdum satiata recessit ;
>Obscurisque genis turpis, fumoque lucernae
>Foeda lupanaris tulit ad pulvinar odorem.

Cela paroît incroyable, cependant c'eft la pure vérité; tous les auteurs contemporains font d'accord là-deſſus, & même ceux qu'on n'a pas lieu de foupçonner d'avoir voulu écrire des fatyres; le témoignage de Pline eft remarquable: *Meſſalina hoc regalem exiſtimans palmam elegit in idem certamen viliſſimam e proſtitutis ancillam, eamque die ac noƈte fuperavit quinto & viceſimo concubitu.*

La corruption étoit fi grande alors, que les épouſes des fénateurs & les femmes de la plus haute naiſſance alloient déclarer qu'elles vouloient fe proſtituer publiquement, pour être libres ou pour fe venger de leurs maris. Il fallut que la loi défendît une telle abomination, & ce fut Tibère qui l'abolit à l'occaſion de Viſtilia, dame de famille prétorienne, & épouſe de Titidius Labéon: *Eodem anno gravibus ſenatus decretis libido fœminarum coercita, cautumque ne quaeſtum corpore faceret, cui avus, aut pater, aut maritus eques romanus fuiſſet. Nam Viſtilia praetoria familia genita, licentiam ſtupri apud Aediles vulgaverat, more inter veteres recepto, qui ſatis poenarum adverſus impudicas in ipſa profeſſione flagitii credebant.* ( Tacit. lib. 2. )

Suétone raconte, dans la vie de Tibère, que les matrones qui vouloient éviter la peine de la loi & s'émanciper tout-à-fait de la puissance de leurs parens ou de leurs amis embrassoient une profession encore plus infame que celle de Vistilia : *Foeminae famosae, ut ad evitandas legum poenas jure ac dignitate matronali exsolverentur, lenocinium profiteri coeperant.*

Du temps du Jurisconsulte Papinien l'on fit la loi suivante : *Mulier quae evitandae poenae adulterii gratia lenocinium fecit, aut operas suas scenae locavit, adulterii accusari, damnarique senatus-consulto potest.*

Quelle ne devoit pas être la dépravation de la populace autorisée par l'exemple des Grands !

Tanto conspectius in se,<br>
Crimen habet, quanto major, qui peccat habetur.<br>
(*Juven. Sat.* 8.)

Rome étoit devenue le séjour des arts, du goût, des plaisirs, de la magnificence, du luxe, des spectacles, mais elle étoit aussi devenue le séjour des plus grands crimes ; tout l'univers contribuoit à sa grandeur, à ses folles dépenses & à ses voluptés : cette corruption générale fut la source de tant d'excès qui entraînèrent enfin la ruine du plus grand empire qui fut jamais.

Saevior armis<br>
Luxuria incubuit, victumque ulciscitur orbem.<br>
(*Idem, Sat.* 6.)

N.31.

# N. XXXI.

*Messaline consacre à Priape quatorze couronnes de myrthe, pour marque d'autant de victoires qu'elle a remporté.*

Camée de Pythodore de Tralles.

CE que nous avons dit sur Messaline pourroit suffire pour la caractériser, mais ce camée très-rare que nous donnons ici représente une anecdote qui donnera le dernier coup de pinceau à son portrait : cette femme, dans ses débauches, n'aimoit pas seulement le plaisir & la satisfaction de ses sens, elle attachoit encore à son insatiable impudicité une espèce de gloire, & se faisoit un triomphe de fatiguer ses athlètes & de sortir victorieuse du champ de bataille ; c'est dans Pline sur-tout qu'il faut lire le détail circonstancié de cette aventure : Quatorze jeunes gens des mieux faits & des plus robustes furent invités par Messaline, ils s'épuisèrent dans ses bras, ils firent des efforts incroyables, & ne purent se vanter de la victoire ; elle résista, & fut déclarée INVICTA, surnom dont elle se glorifioit bien plus que du titre d'épouse d'un Empereur. Il falloit bien remercier les Dieux d'un triomphe si éclatant, elle étoit trop religieuse & trop reconnoissante pour oublier un si saint devoir, aussi offrit-elle à Priape, son Dieu tutélaire, les quatorze couronnes de myrthe que ses adversaires lui avoient décerné. C'étoit l'usage à Rome de consacrer aux Dieux les monumens qui rappelloient des événemens fortunés : ces couronnes de Messaline furent exposées à la vue de tout le monde, & elle se glorifioit de ce monument de ses débauches ; mais si les débordemens de cette Impératrice furent portés à cet excès, qui ont rendu son nom un titre d'opprobre, il faut avouer que la corruption de son siècle pouvoit en quelque manière lui servir d'excuse : les femmes de ce temps avoient en général renoncé à toute pudeur, elles étoient plus effrontées que les courtisannes de profession ; écoutons le témoignage de Martial :

> Incustoditis, & apertis, Lesbia semper
> Liminibus peccas, nec tua furta tegis.
> Et plus spectator quam te declarat adulter
> Nec sunt grata tibi gaudia, si qua latent.
> At meretrix abigit testem, veloque seraque,
> Raraque, si memini, fornice rima patet.

A Chione faltem, vel ab Helide difce pudorem
Abfcondunt fpurcas haec monumenta lupas :
Numquid dura tibi nimium cenfura videtur ?
Deprendi vero te, Lesbia, non futui.
(*Mart. Epig.* 35. *lib.* 1.)

Et Sénèque affure que les femmes ne le cédoient pas non plus aux hommes dans les débauches de la table : *Non minus pervigilant*, dit-il, *non minus potant, & oleo, & mero viros provocant: aeque invitis ingeftae vifceribus per os reddunt, & vinum omne vomitu remetiuntur.* Il y avoit fur-tout du temps de Martial une certaine Philénis qui s'étoit rendue célèbre par fa gourmandife, fon intempérance & fon goût pour les voluptés Lesbiennes.

Praedicat pueros tribas Philaenis
Et tentigine faevior mariti
Undenas vorat in die puellas........
Nec coenat prius, aut recumbit ante
Quam feptem vomit meros deunces
Ad quos fas fibi hinc putat reverti......
Poft haec omnia cum libidinatur
Non fellat ( putat hoc parum virile )
Sed plane medias vorat Puellas.
(*Mart. Epig.* 66, *lib.* 7.)

Mais que dirons-nous de la paffion qu'avoient les femmes de combattre comme les gladiateurs dans l'amphithéatre, de s'expofer aux yeux d'une multitude innombrable, & de rifquer leur vie contre les bêtes farouches ? Suétone en parle dans la vie de Domitien, §. 4 ; & Xiphilin, dans celle de Titus, raconte que *Quatuor elephanti, & pecorum, ferarumque millia novem interfecta sunt, quae mulieres ignobiles interfecerunt.* Martial, qui flattoit Domitien en toute occasion, lui en fait compliment dans ces vers :

> Belliger invictis quod Mars tibi saevit in armis
>  Non satis est, Caesar, saevit & ipsa Venus.
> Prostratum Nemees, & vasta in valle Leonem
>  Nobile, & Herculeum fama canebat opus :
> Prisca fides taceat, nam post tua munera, Caesar,
>  Haec jam foeminea vidimus acta manu.

Mais Juvénal, ce sévère censeur, qui aimoit les moeurs & la vérité, n'étoit pas si content de cette hardiesse des femmes, il la met au nombre des abus & des excès qui échauffoient sa bile & déshonoroient son siècle :

> Cum tener uxorem ducat spado : Maevia Tuscum
> Figat aprum, & nuda teneat venabula mamma. . . . .
> . . . . . . . . . . . Quis iniquae.
> Tam patiens urbis, tam ferreus, ut teneat se ?
>                             (*Juven. Sat.* I.)

N.32.

# N. XXXII.
## *Néron abuse de la vestale Rubiria.*

Camée d'Epitincanus, athénien.

Après la mort de Messaline, toutes les Dames faisoient des brigues pour engager l'Empereur Claudius à un second mariage : *Nec minore ambitu foeminae exarserant, suam quaeque nobilitatem, formam, opes contendere, ac digna tanto matrimonio ostentare.* (Tacit.) Les affranchis étoient partagés : Calliste étoit pour Lollia Paulina, Narcisse pour Elia Petina, & Pallas favorisoit Agrippine fille de Germanicus, veuve de Domitius Enobarbus & nièce de l'Empereur; son esprit, sa figure, ses familiarités & les caresses dont elle accabloit Claudius eurent le succès qu'elle en attendoit, elle l'emporta sur ses rivales, & fut choisie après que le sénat eut rendu un décret qui autorisoit ce mariage incestueux : dès qu'elle fut Impératrice elle régna despotiquement sur le coeur de son époux & sur l'empire entier, elle s'empara tellement de l'esprit de Claudius qu'elle réussit à lui faire adopter son fils Néron, qu'elle avoit eu de Domitius, au préjudice de Britannicus fils de l'Empereur & de Messaline, jeune Prince de la plus grande espérance ; & l'Empereur qui se repentit quelque temps après de son injustice, ayant voulu la réparer il fut prévenu par Agrippine, qui l'empoisonna dans des champignons, sorte de mets dont Claudius étoit très-friand.

> Vilibus ancipites fungi ponentur amicis,
> Boletus domino; sed qualem Claudius edit
> Ante illum uxoris, post quem nil amplius edit.
> (*Juven. Sat.* 5.)

Enfin Agrippine vit son fils maître de l'empire : ce monstre ne cacha pas long-temps l'atrocité de son ame & la dépravation de son coeur ; il se défit par le poison de son frère Britannicus, & répudia Octavie soeur de ce Prince, jeune femme d'une beauté parfaite & d'une vertu sans tache : il l'avoit auparavant chassée de son lit à cause de sa stérilité, & il eut l'audace de l'accuser d'adultère & de la faire enfin mourir. Il se livra ensuite à toutes les horreurs de la débauche ; & une des premières scènes publiques qu'il donna à Rome, ce fut d'abuser de la vestale Rubiria : Rome fut alarmée de ce coup d'essai, & jugea dès-lors quelles en devoient être les suites. Personne n'ignore le respect dont les Romains étoient pénétrés pour les Vestales ; elles étoient au nombre de six : au commencement de la République c'étoient des filles de la plus haute naissance, leurs privilèges étoient considérables ; & pour les dédommager du sacrifice qu'elles faisoient en renonçant aux douceurs du mariage, il n'y avoit sorte d'honneurs qu'on ne leur accordât. Il est vrai que si elles venoient à se déshonorer par un commerce criminel avec un homme leur supplice en étoit d'autant plus effrayant. On en peut lire la description sublime & terrible dans Tite-Live ; c'est un morceau très-pathétique, & digne de la majesté du sujet : mais à mesure que les moeurs dégénérèrent, les Vestales se relâchèrent un peu de leur ancienne sévérité, & même on ne trouvoit guères de filles dans la haute noblesse qui voulussent s'engager dans un genre de vie qui les obligeoit, au moins pour plusieurs années, à une continence très-rare dans une ville si corrompue, & l'on fut obligé de recevoir dans un corps si respectable des personnes d'une naissance obscure ; mais Auguste, voulant du moins diminuer un si grand abus, publia une loi qui défendoit à une fille d'affranchi d'oser entrer chez les Vestales.

Il y eut plus d'un exemple de la fragilité de ces Prêtresses, & on ne cessa de renouveller de temps en temps les exemples de l'ancienne rigueur ; mais quand tout eut cédé à la force & aux desirs effrénés des Empereurs, les Vestales dont ils abusoient n'étoient point punies quoiqu'elles vécussent dans la honte & dans l'opprobre ; cependant Suétone rapporte dans la vie de Domitien que ce Prince punit du dernier supplice les incestes des Vestales, que son père Vespasien & Titus son frère avoient négligé, & rétablit l'ancienne coutume d'enterrer toutes vivantes celles qui oseroient fouiller la fainteté de leur caractère : en effet, les deux foeurs Ocella & Varovilla, qui s'étoient rendues coupables de ce crime avant la loi, eurent la permiffion de fe tuer elles-mêmes ; mais Cornélia qui, après l'édit de Domitien, viola fes voeux, fut punie avec éclat fuivant l'ancien ufage. *Corneliam virginem maximam, abfolutam olim dehinc longo intervallo repetitam atque convictam defodi imperavit.*

Heliogabale fut celui de tous les Empereurs qui abufa des Veftales avec le moins de retenue ; il avoit commerce avec elles publiquement, & voulut même s'emparer du Palladium, éteindre le feu facré, & proftituer les Prêtreffes à fes Bouffons : Lampridius ajoute que cette impiété fut la caufe principale de fa mort ; car les Romains, qui avoient bien ceffé d'être vertueux, n'étoient pas moins fuperftitieux que leurs ancêtres. Juvénal, qui a peint les vices & la proftitution des Dames romaines avec des couleurs fi fortes, n'eft pas moins éloquent quand il parle de leurs fuperftitions avec les Prêtres d'Ifis, ceux de la Déeffe Syrienne, avec les devins, les aftrologues & toutes fortes d'impofteurs ; l'on peut voir, dans la Satyre deuxieme & la quinzieme, la defcription qu'il fait de ces abominations & de ces crimes infames :

Tantum religio potuit fuadere malorum.
*(Lucret. lib.* I.)

N.º 33.

# N. XXXIII.
## Néron en chaise avec sa mère Agrippine.

Médaille.

NERON avoit à peine commencé à goûter les délices de l'empire & les appas d'une puissance sans bornes, qu'il s'abandonna à toutes sortes de lubricités ; ses deux gouverneurs Sénèque & Burrhus, connoissant la fougue de son tempérament & la perversité de son ame, quoiqu'il fît encore de foibles efforts pour les dissimuler, fermoient les yeux sur ses débauches espérant que l'âge le corrigeroit. Ils avoient aussi un autre motif, c'est qu'ils se flattoient que pendant que le jeune Empereur passeroit son temps au milieu des plaisirs, il leur abandonneroit les rênes de l'empire ; c'étoit-là surtout le projet d'Agrippine mère de Néron : elle vouloit commander, & ne pouvant réussir à être la maîtresse absolue qu'autant qu'elle useroit d'indulgence avec son fils, il n'y eut aucune sorte de complaisance qu'elle épargnât pour le satisfaire. Elle étoit encore jeune & belle, & elle possédoit le secret d'inspirer l'amour & le plaisir : déja, par ses artifices, elle avoit gagné Pallas, cet affranchi tout puissant sous Claudius, & s'étant livrée à lui, elle en fut puissamment aidée contre ses concurrentes lorsque cet Empereur voulut se remarier; Claudius ne put résister aux caresses de cette nièce charmante, & enfin Néron lui-même fut sensible aux charmes de sa mère : il alloit souvent en litière avec elle, seul avec une belle femme, dans l'ivresse de l'âge & la fougue des passions, il oublioit qu'elle étoit sa mère; & cette femme, uniquement occupée du desir de régner, favorisoit les goûts criminels de son fils : *Olim etiam quoties lecticâ cum matre veheretur libidinatum incestè, ac maculis vestis proditum affirmant.* ( Sueton. )

Ceux qui connoissent les moeurs d'Agrippine, la brutalité de Néron & la dépravation qui régnoit alors à Rome n'auront aucune difficulté à se persuader de la vérité d'une histoire si déshonorante. Les anciens n'ont parlé qu'avec horreur de l'impudique Sémiramis, qui osa séduire son fils Ninias; toutes ses grandes qualités, ses conquêtes, ses exploits militaires & sa gloire furent ternies par cette prostitution abominable, & la mort qu'elle reçut de Ninias fut regardée comme un châtiment très-juste & bien mérité. Il ne sera pas inutile de faire ici une réflexion :

Ninias tua sa mère, parce qu'elle osa lui faire des avances criminelles ; aucun auteur ancien ne rapporte qu'on ait désapprouvé l'action de ce Prince, & il s'en trouve même qui l'ont louée : Oreste tua de même sa mère Clytemnestre qui avoit été débauchée par Egisthe, & avoit donné la mort à Agamemnon son mari, père d'Oreste ; & ce Prince malheureux fut chassé de son trône & de sa patrie, les Euménides s'emparèrent de lui, le persécutèrent long-temps, & il ne fut absous & purifié qu'après les plus rudes épreuves, & après avoir souffert pendant bien des années l'exil, les remords les plus cuisans, la pauvreté, la honte, & avoir traîné sa vie dans le mépris & la misère la plus humiliante : toutes les tragédies grecques rétentissoient des fureurs d'Oreste, & des cruelles agitations que les Furies lui faisoient sentir en le déchirant sans pitié. Quelle raison peut autoriser cette diversité de jugement sur l'action de ces deux Princes ? Est-ce un plus grand crime de se prostituer à son fils que de tuer son époux ? C'est au moins ainsi qu'on le pensoit alors : le crime de Sémiramis n'avoit point d'excuse, la seule dépravation de ses moeurs put le lui faire commettre ; au lieu que Clitemnestre avoit bien des griefs contre Agamemnon : elle ne put jamais lui pardonner le meurtre de sa fille Iphigénie, & ses amours avec Cassandre; la vue sur-tout de cette rivale, bien plus que la crainte de perdre Egisthe & d'être punie de ses fautes, alluma les fureurs de cette Reine & l'entraîna dans le crime : une femme jalouse n'a plus ni frein ni raison, elle est capable de tout, le triomphe d'une rivale lui est insupportable, & autorise à ses yeux les plus grands excès : l'histoire ancienne & moderne en fournit mille exemples, Médée n'est pas la seule à qui le désespoir & la jalousie aient inspiré les plus grands crimes.

>   Sed neque fulvus aper media tam saevus in ira,
>     Fulmineo rapidos dum rotat ore canes.
>   Nec lea cum catulis lactentibus ubera praebet
>     Nec brevis ignaro viperà laesa pede.
>   Foemina quam socii deprensa pellice lecti
>     Ardet, & in vultu pignora mentis habet.
>   In ferrum flammasque ruit; positoque decore
>     Fertur ut Aonii cornibus icta Dei.
>                   ( Ovid. de art. am. lib. 2.)

Sénèque, dans la tragédie de Médée, caractérise les transports jaloux d'une femme par ces beaux vers :

>   Nulla vis flammae, tumidique venti
>   Tanta, nec tali metuenda torti,
>   Quanta cum conjux viduata taedis
>     Ardet & odit.

N.º 34.

# N. XXXIV.
## *Néron épouse publiquement le jeune Sporus.*

Médaille.

TIBERE, Caligula, Néron, Domitien, Commodus & Héliogabale sont des exemples à jamais mémorables des horribles excès où l'extrême libertinage, joint à la souveraine puissance & au despotisme, peuvent entraîner les Princes. Tous les anciens monumens que nous avons présenté ci-devant & les explications que nous en avons donné en font une preuve, & malheureusement la médaille que nous offrons ici & celles qui suivront ne confirment que trop une vérité si humiliante. Néron s'étoit livré aux plus horribles débauches, il couroit toute la nuit les lieux les plus infames avec ses bouffons & une troupe de femmes déshonorées : il faisoit arracher par ses satellites les enfans les mieux faits à leurs parens, & les enfermoit dans son serrail pour en abuser; les Dames de la plus haute naissance étoient obligées de servir à ses plaisirs & à ceux de Tigellinus son favori, & de ses affranchis ; enfin il résolut de se marier d'une façon singulière & inouie : il aimoit à la fureur un jeune homme nommé Sporus ; & ayant perdu, par sa brutalité, une femme dont il étoit passionné, pour se consoler en quelque manière, *Puerum Sporum, quod Sabinae simillimus erat, exsectis testibus etiam in muliebrem naturum transfigurare conatus est, & cum dote & flammeo per solemne nuptiarum celeberrimo officio deductum ad se pro uxore habuit.* ( Sueton. & Dion. )

Ces noces abominables furent célébrées dans toute la Grèce par des fêtes & des réjouissances infinies : on promenoit la nouvelle mariée sur un char magnifique ; elle étoit habillée avec tous les ornemens d'une Impératrice, & Néron ne cessoit de la caresser & de lui prodiguer mille baisers lascifs en présence de tout le peuple. Parmi les acclamations dont on accompagnoit cette fête bacchique, un bel esprit dit assez plaisamment : *Bene agi potuisse cum rebus humanis, si Domitius pater talem habuisset uxorem.*

Le croira-t-on ? Néron offrit des sacrifices aux Dieux pour en obtenir des enfans légitimes, & ayant fait faire à Sporus une opération pour le rendre tout-à-fait semblable à une femme, il se persuadoit que ses efforts pourroient forcer la nature: *Hae nuptiae ab omnibus graecis celebratae sunt, & in primis optabant ut ab iis legitimi liberi procrearentur.* ( Dion. )

Une obscénité si extravagante trouva pourtant un imitateur; ce fut Héliogabale, le plus fou & le plus impudique des hommes: ce Prince infame, qui se soumettoit à Zoticus comme une femme à son mari, voulut aussi épouser Hiérocles un de ses mignons, imitant Néron à ces deux égards comme nous le verrons ensuite; sa brutale passion pour ce jeune homme étoit si excessive, que Lampridius a presque honte de s'expliquer: *Hieroclem verò sic amavit, ut eidem inguina oscularetur, floralia sacra se asserens celebrare.*

Les Dames romaines, dont les goûts étoient si dépravés dans ces temps-là, avoient aussi beaucoup de foiblesse pour les Eunuques; mais il faut avouer qu'elles étoient excusables quand on les compare à Néron.

Sunt quas Eunuchi imbelles, ac mollia semper
Oscula delectent, & desperatio barbae,
Et quod abortivo non est opus. Illa voluptas
Summa tamen, quod jam calidâ & maturâ juventâ
Inguina traduntur medicis, jam pectine nigro.
Ergo exspectatos, ac jussos crescere primùm
Testiculos, postquam coeperunt esse bilibres,
Tonsoris damno tantùm rapit Heliodorus.

Confpicuus longè, cunctifque notabilis intrat
Balnea, nec dubie cuftodem vitis & horti
Provocat, à domina factus fpado. Dormiat ille
Cum dominâ : fed tu jam durum, Poftume, jamque
Tondendum Eunucho Bromium committere nolli.
( *Juven. Sat. 6.*)

Martial, en s'égayant fur Gellia, écrit à Pannicus :

Cur tantum Eunuchos habeat tua Gellia quaeris
   Pannice ? Vult futui Gellia, non parere.

Ces Eunuques, malgré leur impuiffance, étoient très-paffionnés pour les femmes ; auffi, dans Térence, Pythias dit à fa maîtreffe :

At pol ego amatores mulierum effe audieram maxumos,
Sed nihil poteffe.
( *Terent. in Eunuch.*)

N.35.

# N. XXXV.
## *Néron habillé en fille, & Diophorus.*

<small>Camée de Cratérus, grec de nation.</small>

Parmi les favoris de Néron, celui qui jouissoit de toute sa confiance c'étoit l'infame Tigellin : il abusoit de la faveur de son maître à un point que tout ce qu'il y avoit de grand à Rome ou rampoit sous lui ou en étoit écrasé : il n'étoit pas moins vicieux que son Prince, & ses débauches, son luxe & sa cruauté furent les qualités qui le rendirent maître du coeur de Néron & de l'empire. Pétrone, Othon & lui avoient la surintendance des plaisirs & des parties nocturnes ; c'étoit à qui auroit le talent d'inventer quelque chose de nouveau & de plus obscène, & je doute que les deux rivaux aient pu l'emporter sur cet affranchi, au moins si nous en jugeons par l'explication que nous allons donner d'un Camée de Cratérus d'après Tacite, Suétone & Dion Cassius.

Tigellin fit préparer un grand repas au milieu de l'amphithéatre ; le luxe, la richesse & l'abondance y présidoient avec lui : le Prince avec son favori étoient sur des lits de pourpre, les

Grands & les Dames autour d'eux, & le peuple répandu dans de petites loges qu'on avoit préparées : la quantité des femmes & des hommes de mauvaise vie étoit immense, & tout le monde se livroit aux plus grands excès en préfence des conviés ; toutes les belles femmes & les jeunes filles avoient été obligées de s'y rendre, il étoit permis à chacun de choisir celle qui lui plaisoit davantage, sans qu'elle eût le droit de refuser, de quelque rang qu'elle fût : *Tum enim servus cum domina, praesente domino suo, & gladiator cum virgine nobili, inspectante patre rem habuerunt. Scorta visebantur nudis corporibus : gestus motusque obscoeni.* ( Dion. ) Néron, au milieu de cette troupe effrénée, donnoit l'exemple de la dissolution, & il n'y eut aucune sorte d'abomination dont il ne se souillât : *Per licita atque illicita foedatus, nihil flagitii reliquerat, quo corruptior ageret.* ( Sueton. )

Enfin la fête fut couronnée par une débauche inouie : il y avoit parmi toute cette jeunesse un nommé Diophorus, dont l'Empereur devint amoureux ; & comme il avoit épousé Sporus qu'il caressoit comme sa femme, il voulut aussi avoir un mari, & Diophorus eut cet honneur. Les noces furent célébrées avec toute la pompe & les solemnités accoutumées : *Inditum*

*Imperatori flammeum : missi auspices duo, & genialis torus, & faces nuptiales ; cuncta denique spectata, quae in foemina nox aperit.* ( Tacit. ) Et Néron poussa l'impudence à un tel point, que pour mieux jouer son rôle de femme, la nuit de ses noces il contrefit la voix plaintive d'une vierge à qui l'on fait violence : *Voces quoque & ejulatus vim patientium virginum imitatus.*

Héliogabale, dont nous avons déja cité quelques traits de ressemblance avec Néron, suivit son exemple avec Magire, dont il avoit fait son mari ; & pendant que cet époux prétendu consommoit son mariage, il s'écrioit : *Concide Magire, concide.*

Après ce beau mariage Néron se faisoit voir couché au milieu de Sporus & de Diophore, & faisoit avec l'un l'office de femme & celui d'époux avec l'autre : au reste, ce n'a pas été seulement ces deux monstres qui se sont abandonnés à ces débauches singulières, on a vu des femmes qui ont eu les mêmes fantaisies, & la Phyllis de Martial en fit l'essai :

> Cum duo venissent ad Phyllida manè fututum
> Et nudam cuperet sumere uterque prior :
> Promisit pariter se Phyllis utrique daturam,
> Et dedit, ille pedem sustulit, hic tunicam.

N.°36.

# N. XXXVI.
## *Néron, une femme & trois mignons.*

Camée de Pythodore de Tralles.

VOICI encore un tableau digne de Néron : cet homme insatiable sur les plaisirs, auroit voulu les éprouver tous en même temps & dans toutes les parties de son corps : pendant qu'il jouit d'une de ses maîtresses, il s'abandonne lui-même à un de ses mignons, & en baise un troisieme aux endroits les plus honteux ; les autres acteurs de cette fête ne sont point oisifs, des jeunes femmes excitent sa lubricité par les attouchemens, les postures & les gestes les plus lascifs, & deux autres jeunes garçons promènent leurs parties naturelles sur toutes les parties & dans toutes les cavités de son corps. Quel horrible spectacle ! On pouvoit dire véritablement qu'il étoit noyé dans la débauche & les voluptés, & que tous ses membres aussi bien que toutes les facultés de son ame étoient absorbées dans un torrent de délices.

Héliogabale, cet autre monstre dont nous avons déja rapporté plusieurs traits & qui paroît avoir voulu prendre Néron pour modèle, répéta une scène aussi impudique ; un ancien auteur nous la peint en peu de mots, mais très-énergiques : *Quis enim ferre possit Principem, per cuncta cava corporis libidinem recipientem.* ( Lamprid. ) Ce digne imitateur de Néron avoit par-tout des émissaires, *qui ei bene vasatos perquirerent, eosque ad aulam perducerent, ut eorum conditionibus frui possit.* Il jouoit dans son palais la fable de Pâris, & se faisoit habiller en Vénus : *Nudusque una manu ad mammam, altera pudendis adhibita, ingeniculabat, posterioribus eminentibus in subactorem rejectis & oppositis.* Il ne souhaitoit de jouir de la vie que pour être en état de se prostituer à tout le monde : *Eum fructum vitae praecipuum existimans si dignus atque aptus libidini plurimorum videretur.* Il demandoit publiquement aux plus graves sénateurs & aux philosophes les plus respectables, *an & ipsi in adolescentia perpessi essent quae ipse pateretur.* Et dans tous ses discours, ses mouvemens & ses gestes, même en public, ce n'étoit que paroles & postures indécentes : *Cum & digitis impudicitiam ostentaret nec ullus in conventu & audiente populo esset pudor.* Il croyoit tous les hommes aussi débauchés que lui, & il suivoit en cela aussi Néron son modèle, de qui Suétone rapporte qu'il étoit persuadé qu'il n'y avoit pas sur la terre un homme chaste :

*Neminem hominem pudicum, aut ulla corporis parte purum*; & que dans la plupart, l'honnêteté n'étoit que diſſimulation & grimace : *Ideòque profeſſis apud ſe obſcoenitatem cetera quoque conceſſit delicta.*

Quelqu'outré que paroiſſe ce ſentiment, il faut avouer qu'il l'étoit beaucoup moins de ſon temps : la dépravation des mœurs étoit horrible à Rome, il n'y avoit plus ni frein ni pudeur, & les hommes donnoient, la plupart, dans les mêmes excès que Néron ; nous pourrions le prouver par une foule d'autorités, mais nous nous contenterons de celles-ci :

Viri eſſe recuſant, & non facti ſunt mulieres,
Neque viri facti ſunt, cum patiantur opera mulierum,
Nec mulieres ſunt, cum naturam conſecuti ſint virorum,
Viri ſunt mulieribus, & viris mulieres.
      ( *Epigr. de l'Anthologie.* )

Quid narrat tua moecha ! non puellam
 Dixi, Tongilion, quid ergo ? linguam.
      ( *Martial. Epigr.* 62. )

Lingis non futuis meam puellam.
 Et garris quaſi moechus, & fututor.
      ( *Idem, Epigr.* 92.

Eſſe videbaris, fateor, Lucretia nobis
 At tu ( pro facnus ! ) Baſſa fututor eras.
      ( *Idem, Epigr.* 91. )

Inter ſe geminos audes committere cunnos.
 Mentitur verum prodigioſa Venus.
Commenta eſt dignum Thebano aenigmate monſtrum
 Hic ubi vir non eſt ut ſit adulterium.
      ( *Idem.* )

N.°37.

N.38.

## N. XXXVII.
*Néron sort de la grotte de l'amphithéatre couvert d'une peau d'ours.*

Camée de Craterus.

## N. XXXVIII.
*Néron & Doryphorus.*

Médaille.

Les livres d'Eléphantis de Milet & de Philénis ont été célèbres dans toute l'antiquité à cause des leçons de volupté & de la variété des postures & des mouvemens dont ils donnoient l'explication; Ovide avoue que les femmes d'un certain âge ont assez d'expérience pour varier les plaisirs de mille façons :

Utque velis venerem jungunt per mille figuras,
Invenit plures nulla tabella modos.

Il ajoute que toutes les attitudes ne sont pas propres à toutes les femmes :

. . . . . . Non omnes una figura decet
Quae facie praesignis erit, resupina jaceto,
Spectetur tergo cui sua terga placent.

N. 37 & 38.

Menalion humeris Atalantae crura ferebat
Si bona funt, hoc funt afpicienda modo :
Strata premat genibus paullum cervice reflexa
Foemina per longum confpicienda latus.
Cui femur eft juvenile, carent quoque cetera menda
Semper in obliquo fufa fit illa toro.
Tu quoque cui rugis uterum Lucina notavit
Ut celer averfis utere Parthus equis.

**Enfin, dit-il :**

Mille modi Veneris, fimplex minimique laboris
Cum jacet in dextrum femifupina latus.

On connoît les vers de Martial fur les defcriptions voluptueufes d'un certain Sabellus, *Epigr.* 43, *lib.* 12. Et plufieurs autres auteurs, parmi les anciens & les modernes, ont décrit ou inventé des poftures, des figures & des attitudes voluptueufes ; mais nous doutons qu'on ait jamais fongé à un nouveau genre de luxure plus extraordinaire que celui dont Néron fut l'inventeur, & dont la mémoire fubfifte encore dans ce camée & dans cette médaille qui nous ont coûté bien des recherches, & dont nous ne faifons qu'un article dans nos explications à caufe de la liaifon qu'il y a entre les deux anecdotes que ces antiques repréfentent. Il faifoit lier, tout nus, à des poteaux des perfonnes des deux fexes, & revêtu lui-même d'une peau de bête fauvage, il feignoit de sortir de sa tanière, & s'élançant sur ses victimes, il cherchoit sur leurs corps d'affreuses jouissances, & lorsque ses emportemens étoient assouvis, il terminoit la scène en s'abandonnant à son affranchi Doryphore qu'il avoit épousé aussi bien que Sporus; voici les expressions de Suétone que nous avons adouci dans notre traduction : *Suam quidem pudicitiam usque adeo prostituit, ut contaminatis paene omnibus membris, novissimè quasi genus luxûs excogitaret : quatenus ferae pelle contectus emitteretur e cavea, virorumque ac foeminarum ad stipitem delegatorum inguina invaderet, & quum affatim desaevisset, conficeretur a Doriphoro liberto.* Et Dion raconte la même aventure en d'autres termes aussi énergiques : *Illud vero quis dignè mirari potest, quod cum adolescentes, & puellas nudas alligaret cruci, capiebat pellem ferae, deinde quasi devoraret aliquid in eos irruebat petulanter ?*

Il n'y a dans toute l'antiquité qu'un seul exemple digne d'être opposé à celui-ci, c'est l'histoire fabuleuse de Pasiphaë qui devint amoureuse d'un taureau, & dont Virgile, dans sa sixième églogue, décrit si élégamment la passion malheureuse : il est vrai que Jupiter, dans la fable, se déguisa tantôt sous la forme d'un taureau, tantôt sous celle d'un cigne; mais n'est-ce

point pour nous apprendre que, dans les plaisirs de l'amour, il n'y a rien de bon que le physique dont les animaux jouissent mieux que nous ? Peut-être aussi a-t-elle voulu nous effrayer par un exemple épouvantable du pouvoir de la volupté sur le coeur d'un homme qui s'y livre avec passion : les femmes, dit Anacréon dans son ode, sont foibles & délicates, mais leur beauté fait toute leur force, & rien ne peut résister à leurs appas ; en voici la traduction :
» La nature donna les cornes aux taureaux, une
» démarche fière aux coursiers, aux lions des
» dents redoutables, aux oiseaux des ailes, des
» nageoires aux poissons & le courage aux
» hommes. Que réservoit-elle donc aux femmes
» pour leur partage ?... La beauté, qui leur
» tient lieu de tous les boucliers, de tous les
» javelots. Une belle femme triomphe & du fer
» & du feu.

N.39.

# N. XXXIX.

*Agrippine, pour recouvrer son autorité, offre ses charmes à son fils: celui-ci est sur le point d'en jouir, mais Acté sa concubine l'entraine & se fait donner la préférence.*

Camée de Néron, affranchi.

NERON fatigué des remontrances de Sénèque & de Burrhus, des railleries de ses compagnons de débauche, de ses courtisannes & des plaintes continuelles de sa mère, se brouilla avec elle, cessa de la voir, lui ôta tous les honneurs & toutes les marques de la souveraineté, & la laissa seule & désolée: elle fut inconsolable de se voir déchue d'un si haut degré de puissance, & vouloit, à quelque prix que ce fût, y remonter: elle cria, tonna, menaça, fit des reproches, des plaintes & des promesses, mais tout fut inutile; & la cour, qui peu auparavant avoit été chez elle si brillante & si nombreuse, disparut tout d'un coup, & Agrippine fut oubliée de ceux même qui lui devoient tout: elle ne put supporter ce mépris, & voyant qu'il ne lui restoit qu'un moyen de gagner son fils, elle ne balança point à le mettre en usage ; elle étoit belle, son fils étoit dissolu & insatiable de plaisirs, il avoit autrefois en litière reçu d'elle des marques de complaisance, qui l'avoient charmé, & voilà quelles furent ses complaisances & ses artifices. *Tradit Cluvius ardore retinendae Agrippinam potentiae eo usque provectam, ut medio diei, cum id temporis, Nero per vinum & epulas incalesceret, offerret se saepius temulento comptam & incesto paratam. Jamque lasciva oscula, praenuntias flagitii blanditias, annotantibus proximis, Senecam contra muliebres illecebras subsidium a foemina petivisse, immissamque Acten libertam, quae simul suo periculo, & infamia Neronis anxia deferret pervulgatum esse incestum gloriante matre, nec toleraturos milites profani Principis imperium.* (Tacit. lib. 14.) Cette dernière raison fut la seule puissante sur l'ame de Néron ; la crainte de scandaliser les soldats, de les irriter & de perdre l'empire le fit renoncer aux plaisirs que lui offroit sa mère, car pour le reste il n'étoit pas homme à s'effrayer pour un crime de plus : on dit même que sa passion pour sa mère fut telle, qu'il aima beaucoup une de ses concubines parce qu'elle lui ressembloit.

Sénèque s'opposa de toutes ses forces à cette

liaison incestueuse, sans doute par raison, un peu par crainte, mais peut-être aussi par jalousie; car Dion nous assure que ce grand philosophe n'étoit pas dans ses moeurs aussi irréprochable que dans ses écrits, puisqu'il étoit un des amans d'Agrippine. Cette Princesse, d'une ambition démesurée, se servoit de ses charmes pour arriver à son but, elle n'eut pas même honte de se prostituer à des affranchis, parce qu'ils étoient puissans à la cour. *Credibilior novae libidinis meditatio in ea visa est, quae puellaribus annis stuprum cum Lepido spe dominationis admiserat, pari cupidine usque ad libita Pallantis provoluta, & exercita ad omno flagitium patrui nuptiis.* (Tac. ib.)

Que l'ambition est une passion terrible & violente! que de maux elle a causé à la terre, & que de sang elle a fait répandre! Tacite, qui se déchaîne avec tant d'énergie contre Agrippine, auroit cependant été bien embarrassé à répondre si on l'avoit obligé à comparer les crimes, les horreurs & les barbaries des hommes pour assouvir leur ambition, avec tout ce que jamais les femmes ont fait de plus horrible pour cette même passion : les femmes n'ont que leurs charmes pour subjuguer les hommes; faut-il donc s'étonner si elles s'en servent comme elles peuvent ? sur-tout si l'on considère la dépendance & la gêne où elles font tenues, le peu qu'elles figurent dans le monde & l'état réellement méprifable où les hommes fe font de tout temps piqués de les tenir. Eft-il plus pardonnable de remplir la terre de carnage & de fang, & de bouleverfer des empires, que de procurer des plaifirs aux hommes, & de les enchaîner par la main des grâces & des amours ? Il faut avouer que les auteurs ont été fort injuftes envers le fexe, & en général les hommes le font toujours ; Euripide, parmi les Grecs, eft celui de tous les poëtes qui les a le plus mal-traitées : rarement elles ont eu des apologiftes, & les hommes fe vangent dans leurs écrits des adorations qu'ils font obligés de leur prodiguer. L'anthologie eft pleine d'épigrammes contre les femmes, à peine en trouveroit-on quelqu'une en leur faveur : Pallade étoit contr'elles de fi mauvaife humeur qu'il n'accufe pas moins celles qui font bonnes que les méchantes :

> Omnes Homerus oftendit malam, & fallacem mulierem
>     Caftam & meretricem, utramque perniciofam.
> Ex Helena enim adultera caedes virorum
>     Et propter pudicitiam Penelopes, interitus.
> Ilias igitur poema eft propter unicam mulierem,
>     Et Odyffeae Penelope dedit occafionem.
>                       (*Lib. I, Epig.* 19.)

Horace avoit dit avant lui :

> . . . . . . . Cunnus teterrima belli
> Caufa.                   (*Sat.* 3.)

N.º 40.

# N. XL.

## Othon avec une vieille & Néron.

Camée de Parthénius d'Athènes.

LA seule voie qui à la cour de Néron frayoit le chemin aux honneurs, aux richesses & à la faveur du Prince, c'étoit la dissolution, la débauche & l'art d'inventer de nouveaux plaisirs; aussi, parmi une foule de courtisans, un de ceux qui réussirent le mieux, ce fut Othon dont nous avons parlé ci-devant, N. 35. Et comme ce Prince, avant de parvenir à l'empire, fut le principal confident de Néron & qu'on peut le regarder comme son successeur à l'empire à cause de la briéveté du règne de Galba, & que d'ailleurs le règne court & sévère de celui-ci ne nous a laissé aucun monument digne d'entrer dans cette collection, nous donnons cette planche & les trois suivantes sous le nom d'Othon quoiqu'elles rappellent des aventures arrivées sous le règne de Néron.

Othon étoit de grande naissance, bien fait, impudent, prodigue & le plus voluptueux des hommes: il manquoit de fonds pour nourrir ses vices & sa magnificence, & il eut recours à la ruse, à l'adulation & à une parfaite conformité de vie avec Néron : pour s'infinüer dans fes bonnes graces, il ne fe fit aucun fcrupule de les acheter par la plus infame proftitution; c'étoit prendre Néron par fon foible, & quand on avoit de la jeuneffe & de la figure on ne manquoit guères de le captiver par ce moyen; en effet, Othon lui plut finguliérement, & il eut pour lui tant de complaifance qu'il s'abandonna à lui de la même manière dont Othon avoit gagné fes bonnes graces : ce commerce mutuel étoit public, & Othon en tiroit vanité, voyant que par-là il avoit un pouvoir abfolu; auffi Suétone rapporte qu'il fe fioit fi fort fur fon autorité, que fur l'efpoir d'une grande récompenfe, il déroba un jour à la rigueur de la loi un Confulaire condamné pour crime de concuffion; & avant que fa grace lui fût accordée, il ofa l'introduire au fénat pour remercier fes protecteurs.

Néron avoit une fi grande fureur pour les garçons, qui étoient d'une figure avantageufe, qu'ayant condamné à mort le jeune Aulus Plautius, jeune homme de la plus grande naiffance, il eut la brutalité d'en abufer avant de le faire égorger; & afin de colorer fon crime, il répandit qu'Agrippine avoit aimé Plautius, & lui avoit fait concevoir l'efpérance du trône impérial : *Eat nunc, inquit, mater mea, & succeſſorem meum oſculetur : jactans dilectum ab ea, & ad ſpem imperii impulſum.* ( Sueton. )

Othon ne ſe contenta pas de s'être proſtitué à l'Empereur, pour affermir ſa faveur, il n'oublia perſonne de ceux qu'il crut capable de le ſoutenir. Il y avoit à la cour une vieille affranchie, preſque décrépite, mais qui avoit du crédit & parloit à Néron avec beaucoup de familiarité ; Othon ſe mit à lui faire la cour, il feignit de l'amour pour elle, lui fit tourner la tête, & l'engagea pour toujours dans ſes intérêts. Voilà donc le jeune, l'aimable, le faſtueux Othon qui careſſe une vieille dégoûtante, & ſe ſoumet en même temps à la brutale incontinence de Néron ; c'eſt par de tels degrés qu'il monta au faîte de la grandeur & de la puiſſance. Il eſt vrai qu'il ſe dédommageoit avec les plus belles Dames de la cour de tout ce qu'il étoit obligé de faire pour ſa vieille, & Martial auroit eu tort de dire de lui, ce qu'il écrivit de Baſſus :

*Arrigis ad vetulas, faſtidis, Baſſe, puellas,*
*Nec formoſa tibi, ſed moritura placet.*
*Hic, rogo, non furor eſt, non eſt haec mentula demens*
*Cum poſſis Hecubam, non potes Andromachen ?*
( *Mart. Epig.* 74, *Lib.* 3. )

L'argent a produit bien souvent des phénomènes aussi extraordinaires que l'histoire d'Othon, mais une vieille femme qui veut se faire caresser sans payer son amant est une folle, & son extravagance est digne des vers suivans du même poëte :

>Vis futui gratis cum sis deformis anusque,
>     Res perridicula est, vis dare, nec dare vis.
>             ( *Idem. Epig.* 74, *Lib.* 7. )

Horace n'a pas moins donné carrière à sa bile poétique sur ce sujet dans les odes 8 & 12 du livre 5, dans la 15 du livre 3 contre Cloris, & sur-tout dans sa belle ode contre Lycé :

>Quò fugit Venus ? heu ! quo calor ? heu ! decens
>Quò motus ? Quid habes illius, illius
>     Quae spirabat amores,
>Quae me surpuerat mihi ?
>             ( *Horat. Od.* 13, *Lib.* 4. )

N. 41.

# N. XLI.

## Othon & Néron à table avec la belle Poppée.

*Peinture antique.*

PARMI tant de beautés qui brilloient à la cour de Néron, & qui étoient dignes de captiver le coeur du jeune Empereur, il n'y en avoit aucune de comparable à Sabina Poppéa, soit par les charmes de sa personne, soit par les agrémens de son esprit; il ne manquoit rien à cette femme illustre que la chasteté: *Huic mulieri cuncta alia fuêre praeter honestum animum.* (Tacit.) Sa mère, une des plus belles femmes de son temps, lui avoit donné la beauté avec tous ses charmes: ses richesses répondoient à sa naissance, son langage étoit doux & affable, & son esprit avoit beaucoup de vivacité. Elle savoit se parer à propos d'une modestie engageante, & se livrer quand elle vouloit à des saillies voluptueuses: elle ne paroissoit guères en public, & quand elle sortoit elle se couvroit une partie du visage, afin, dit le même auteur, *ne satiaret aspectum, vel quia sic decebat.* Elle ne se mit jamais en peine de sa réputation, ne distingua jamais un amant d'avec un mari, & sans s'assujettir à sa propre inclination, ni à celle d'autrui, elle se plioit indifféremment à tout ce qu'elle pensoit lui devoir être utile; étant mariée à Rufus Crispinus Chevalier Romain, dont elle avoit un fils, elle n'hésita point de l'abandonner pour se livrer à Othon, parce qu'outre sa jeunesse & sa magnificence, il passoit universellement pour celui que Néron aimoit davantage, aussi ne tardèrent-ils pas à se marier ensemble.

Othon, possesseur d'une si belle femme, ne put cacher son bonheur; il ne cessoit de louer la beauté & les charmes de Poppée, soit par une indiscrétion ordinaire aux amans, soit peut-être pour en donner envie à l'Empereur, s'imaginant que s'ils avoient une femme en commun, ce seroit un lien qui affermiroit sa faveur: *Saepe auditus est consurgens e convivio Caesaris se ire ad illam, sibi concessam dictitans nobilitatem, pulchritudinem, vota omnium & gaudia felicium.* (Tacit. lib. 13.)

Néron ne tarda guères à se laisser prendre à ces amorces, & dès la première entrevue Poppée acheva de l'enivrer d'amour par ses caresses, feignant d'être éprise de sa bonne mine, & de ne pouvoir plus résister à la passion qu'il lui avoit inspirée. Cette première entrevue se fit à table, Poppée y déploya tous ses charmes,

& enflamma Néron d'un feu si violent qu'il ne put se contenir, il l'embrassa & la pria de lui accorder ses faveurs. Elle obéit, & voilà Othon & l'Empereur qui partagent également les bontés de cette femme charmante : tel est le sujet de cette peinture ; Othon eut lieu de s'en repentir, comme nous le verrons dans la suite, & il le méritoit bien.

L'antiquité nous a transmis l'histoire d'une imprudence semblable dans Candaule roi de Lydie : *Hic, uxorem quam propter pulchritudinem deperibat, praedicare omnibus solebat, non contentus voluptatum suarum tacitâ conscientiâ, prorsus quasi silentium damnum pulchritudinis esset.* (Just. lib. 1.) Les jeunes gens, flattés de l'amour & de la préférence d'une belle femme, sont très-souvent sujets à de telles indiscrétions : leur joie est au comble, il faut qu'elle déborde ; & c'est d'après la nature du coeur humain, que Térence introduit Chéreas, qui hors de lui-même & enivré du plaisir d'avoir goûté dans les bras de sa jeune maîtresse la suprême félicité, s'écrie tout transporté :

> Jamne erumpere hoc licet mihi gaudium ? proh Jupiter !
> Nunc est profecto, interfici cum perpeti me possum,
> Ne hoc gaudium contaminet vita aegritudine aliquâ.
> Sed neminemne curiosum intervenire nunc mihi,
> Qui me sequatur quoquo eam, rogitando obtundat, enecet?

Enfin il rencontre son ami Antiphon, qui lui dit :

> Narra istud quaeso, quid fiet.

Et Chéréas répond :

> Imo te obsecro hercle, ut audias.
> ( *Terent. in Eunuc.* )

Cependant les femmes n'aiment guères que l'indiscrétion de leurs amans rende publiques leurs foiblesses & leurs voluptés cachées.

> Eximia est virtus praestare silentia rebus
>   Et contra gravis est culpa tacenda loqui.
> Praecipue Cytherea jubet sua sacra taceri.
>   Admoneo veniat ne quis ad illa loquax......
> Nos etiam veros parcè profitemur amores,
>   Tectaque sunt solida mystica furta fide.
> ( *Ovid. de art. am. lib.* 2. )

N.º 42.

# N. XLII.

## Othon présente sa femme Poppée à Néron avec toutes les marques du désespoir.

*Camée de Parthénius.*

OTHON ne fut pas moins imprudent que l'ancien Roi de Lydie, & s'il n'en fut pas puni aussi cruellement, il eut au moins tout lieu de s'en repentir & de maudire son indiscrétion. Quand Poppée eut vu Néron enflammé tout de bon, elle devint plus fière ; & faisant la difficile, s'il vouloit la retenir plus d'une ou deux nuits, elle lui représentoit qu'elle avoit un mari avec qui elle étoit unie par un genre de vie qu'elle ne pouvoit trouver avec d'autres. Qu'Othon étoit généreux & magnifique, & qu'elle possédoit avec lui les avantages de la plus haute fortune ; au lieu que Néron, accoutumé à une simple affranchie, n'avoit pu contracter dans ce commerce que des sentimens bas & serviles. Ces discours artificieux eurent l'effet qu'elle en attendoit, Néron cessa d'aimer Acté sa concubine favorite, répudia la malheureuse Octavie, & finit par épouser Poppée : mais il falloit commencer par éloigner Othon qui étoit devenu tout-à-coup si jaloux de sa femme, *ut ne rivalem quidem Neronem aequo tulerit animo. Creditur certè non modò missos ad arcessendam non recepisse, sed ipsum etiam exclusisse quondam pro foribus adstantem miscentemque frustra minas & preces, ac depositum reposcentem.* ( Suet. ) Cette jalousie étoit aussi ridicule que déplacée; car après avoir prostitué sa femme à un Prince tel que Néron, n'étoit-ce pas le comble de la folie, que de s'aviser ensuite de vouloir en être seul possesseur ? Aussi fut-il également méprisé de l'Empereur & de Poppée; mais en même temps son bonheur fut extrême, en ce qu'un homme aussi absolu & sanguinaire que Néron lui épargna la vie, & se contenta de l'éloigner; il fut même relégué avec honneur, & il eut le gouvernement de la Lusitanie : cette punition parut suffire à ce Prince, dans la crainte où il étoit que le secret de ses intrigues amoureuses ne fût divulgué; il le fut cependant, si l'on en doit juger par ce distique que courut alors dans Rome:

Cur Otho mentito sit quaeritis exsul honore ?
Uxoris moechus coeperat esse suae.

Le graveur de ce camée a fort bien réussi à peindre la jalousie & le désespoir d'Othon, qui s'étant retiré dans son gouvernement s'y conduisit avec une modération, une douceur &

une sagesse qu'on n'avoit pas eu lieu d'attendre d'un homme aussi décrié ; tant il est vrai qu'il y a beaucoup de gens qui ne sont voluptueux & débauchés que faute d'être placés d'une manière conforme à leurs talens. *Otho provinciae Lusitaniae praeficitur , ubi usque ad civilia arma non ex priore infamia , sed integre , sanctèque egit , procax otii, & potestatis temperantior.* ( Tacit. lib. 13. )

Cette contradiction de moeurs, que nous observons dans Othon, fut commune à plusieurs grands hommes de l'antiquité : nous l'avons remarquée chez César, chez Marc Antoine & sur-tout chez Alcibiade ; mais si l'on se rappelle la vie, les moeurs & le caractère de Démétrius Poliorcetès on la verra éclater en lui d'une manière très-surprenante. Ce Prince réunissoit tant de qualités opposées que Plutarque a raison de dire, qu'il étoit une espèce de prodige ; il faudroit ici transcrire plusieurs traits de sa vie, qui est une des plus instructives & des plus amusantes, mais nous y renvoyons nos lecteurs: quant à Poppée, elle se fit détester par son luxe & par sa cruauté ; tout le monde a lu dans Sénèque la mollesse, les délices & la prodigalité de cette femme, & combien elle dépensoit par jour pour conserver sa beauté ; mais ce qui la fit prendre en horreur, c'est qu'on fut persuadé que Néron ne chaſſa & ne fit mourir Octavie que pour lui complaire & lui aſſurer le rang d'Impératrice, & qu'il finit par ſacrifier ſa mère même aux craintes & à la jalouſie de cette femme cruelle. Tacite, que nous citons ſouvent, en fait un détail affreux au commencement du livre 14 de ſes annales: on regarda ſa mort, qui ſuivit de près celle d'Agrippine, comme un digne châtiment de ſa barbarie; elle étoit enceinte, & un jour que Néron revint un peu trop tard, elle s'aviſa de lui dire des duretés: le Prince impatienté eut la brutalité de lui donner un coup de pied ſi malheureuſement qu'il lui cauſa la mort. *Poppeam dilexit unicè, & tamen ipſam quoque ictu calcis occidit, quod ſe ex aurigatione ſero reverſum gravida & aegra convitiis inceſſerat.* ( Sueton. )

L'Empereur la regretta ſincérement, & lui fit des funérailles d'une magnificence extraordinaire; mais perſonne ne fut ſenſible à la perte d'une telle femme. *Mors Poppeae ut palam triſtis, ita recordantibus laeta ob ejus impudicitiam ſaevitiamque.* ( Tacit. lib. 16. )

N.º 43.

# N. XLIII.

## *Néron & Othon sont assis à table, & servis par des filles & des garçons tout nus.*

<small>Camée de Pythodore de Tralles.</small>

APRES avoir vu dans les chapitres précédens les suites fâcheuses de l'indiscrétion d'Othon, les excès où l'ambition démesurée de Poppée portèrent cette Princesse, & sa fin malheureuse, nous allons retourner en arrière pour parler d'une fête magnifique & galante que Néron donna à Othon & à son épouse dans le temps qu'il commença à devenir amoureux de cette femme: on connoît le luxe & la prodigalité de cet Empereur, & dans cette occasion, il voulut se surpasser pour faire honneur à son ami & mieux séduire sa femme: le poëte Lucain, qui étoit alors en faveur & qui assista à cette fête, nous en a laissé une pompeuse description dans celle qu'il fait du festin que Cléopatre donna à César, & dont nous avons déja eu occasion de faire mention dans le N. 12.

Ipfe Iocus templi, quod vix corruptior aetas
Extruet, inftar erat, laqueataque tecta ferebant
Divitias, craffumque trabes abfconderat aurum ;
Nec fummis cruftata domus, fectifque nitebat
Marmoribus, ftabatque fibi non fegnis Achates
Purpureufque lapis, totaque effufus in aula
Calcabatur Onyx. . . . . . . . . . . .
. . . . . . . . Crebro maculas diftincta fmaragdo
Fulget gemma toris, & jafpide fulva fuppellex. . . . .
Tunc famulae numerus turbae, populufque minifter,
Difcolor hos fanguis, alios diftinxerat aetas. . . . . .
Nec non infelix ferro mollita juventus,
Atque exfecta virum. . . . . . . . . . . .

Les garçons & les filles qui fervoient à table étoient de la plus jolie figure, ils étoient nus, & par leurs attitudes, leurs geftes & leurs poftures voluptueufes, ils excitoient la joie & la lubricité des conviés. Néron étoit dans l'ivreffe, Bacchus & Vénus s'étoient emparés de fa raifon & de fes fens, & la belle Poppée étoit l'objet de fes tranfports & de fes careffes enflammées : Othon étoit trop bon courtifan pour ne pas applaudir à la joie de fon maître, mais on voyoit bien qu'il étoit rongé d'un fecret dépit : la vue d'un amant heureux, qui triomphe avec fa belle aux yeux d'un amant malheureux, eft un tourment qui n'a point d'égal, & Néron étoit peut-être, en ce moment-là, plus cruel que lorsqu'il le relégua en Lusitanie. Il faut avoir aimé pour sentir tout ce qu'un tel spectacle avoit de désespérant pour lui. Horace, à qui Lydie faisoit éprouver quelque chose d'approchant, en fait des plaintes fort vives:

>Quum tu Lydia Telephi
>Cervicem roseam, cerea Telephi
>Laudas brachia, vae! meum
>Fervens difficili bile tumet jecur, &c. &c.
>( *Horat. Od.* 13, *Lib.* 1.)

La malheureuse Octavie étoit aussi du festin: Quelle humiliation pour cette aimable Princesse d'être témoin du triomphe de sa rivale! Elle en fut bientôt la victime, Néron la chassa, la relégua, & la fit enfin mourir après l'avoir déshonorée par des imputations atroces: on fit donner la question à ses femmes, qui cédant à la force des tourmens, avouèrent des crimes dont jamais cette vertueuse Impératrice n'avoit eu d'idée: la seule Pythias fut inébranlable, elle eut le courage de faire à l'infame Tigellin cette réponse si énergique que Dion nous a transmis, mais que nous ne pouvons donner en françois: *Mundior est*, *Tigelline*, *vulva dominae meae quam os tuum.*

N.44.

# N. XLIV.
## Vitellius jeune encore avec Tibère.

Camée de Craterus, grec de nation.

OTHON après trois mois de règne, ayant perdu une bataille contre Vitellius son rival, craignant d'entraîner sa patrie dans les horreurs d'une guerre civile, voulut se donner la mort malgré les remontrances & les pleurs de ses soldats, qui tous vouloient exposer leur sang & leur vie pour le défendre : cet homme, qui avoit toujours vécu en débauché, dans la mollesse & les plaisirs, mourut en héros, & il quitta l'empire avec autant de courage & de grandeur d'ame qu'il avoit mis de bassesse & d'intrigue pour y parvenir. Suétone & Plutarque n'ont parlé de sa mort qu'avec éloge, & le premier fait cette remarque : *Per quae factum putem, ut mors ejus minimè congruens vitae majori miraculo fuerit.*

Aulus Vitellius fut son successeur : il étoit fils de Lucius Vitellius, grand homme d'état & grand général, mais qui se déshonora par sa passion effrénée pour une affranchie dont il employoit la salive mêlée avec du miel pour se frotter la gorge & les artères, remède singulier dont il usoit tous les jours & en présence de tout le monde. C'étoit aussi un courtisan fort habile dans l'art de flatter les Princes : un jour que Caligula lui demandoit, s'il n'avoit pas vu la lune venir coucher avec lui ; il répondit adroitement : « Vous autres Dieux, vous ne vous rendez visibles qu'entre vous ». Voyant ensuite l'Empereur Claude, uniquement livré à ses affranchis & aux charmes de Messaline, il fit placer les statues de Pallas & de Narcisse parmi ses Dieux domestiques, & ne cessa de faire une cour servile à l'Impératrice ; au point qu'ayant un jour sollicité, comme une faveur, la permission de déchausser cette Princesse, il prit son soulier droit, le porta long-temps avec respect entre sa tunique & sa toge, & s'abaissa quelquefois jusqu'à le baiser.

Son fils Aulus Vitellius, qui fut Empereur, ne ressembla à son père que par ses vices : tout jeune encore il vécut à Caprées dans le serrail de Tibère ; on croit même qu'il servit aux plaisirs infames de cet Empereur, & que la beauté du fils contribua à la fortune de son père : c'est à cela précisément que fait allusion ce camée de Craterus ; les vices de Vitellius crurent avec l'âge, & l'opprobre dont il étoit couvert servit à l'avancer à la cour ; son adresse à conduire un char le rendit favori de Caligula, & sa passion pour les jeux de hasard celui de Claude. Qu'on juge quels devoient être des Princes qui avoient passé toute leur jeuneſſe dans la débauche la plus outrée, & qui ne devoient les commencemens de leur fortune qu'à leur infamie & à des complaiſances criminelles ! Nous avons vu par quels moyens honteux Othon avoit gagné la faveur de Néron : Céſar, pour de l'argent, ſe proſtitua à Nicomède ; Auguſte à Céſar, pour en être adopté ; Caligula à Macron & à ſa femme, pour s'appuyer de leur crédit à la cour de Tibère : les favoris & les miniſtres, plus corrompus que leurs maîtres, n'accordoient leur protection que pour de l'argent ou pour des complaiſances ſcandaleuſes : les Impératrices & les femmes de leur cour agiſſoient de la même manière, & jamais l'intérêt, la volupté & la débauche ne régnèrent avec un pouvoir ſi abſolu qu'à la cour de ces Empereurs ; mais celui de tous qui fit le trafic le plus honteux des charges de l'empire ce fut Héliogabale : *Vendidit & honores, & dignitates & poteſtatem tam per ſe quam per omnes ſervos, ac libidinum miniſtros.* Il remplit le ſénat & ſon palais de gens ſans naiſſance, ſans talens, & qui n'avoient d'autre mérite que leur beauté & leur débauche : *Multos quorum corpora placuerant, de ſcena, & circo, & arenâ in ſenatum & aulam traduxit.* ( Lamprid. )

Néron, Claude & Messaline avoient déja prodigué les honneurs & les dignités les plus élevées à leurs favoris ; bien différens en cela de Trajan & d'Hadrien qui étoient, il est vrai, passionnés pour les garçons, mais qui ne leur prostituèrent jamais que leurs personnes ; Dion dit de Trajan : *Etsi erat amoribus puerorum deditus, tamen nihil ob eam causam turpiter aut nequiter fieri passus est quamobrem jure reprehenderetur.* Hadrien idolâtroit Antinoüs jusqu'à lui consacrer des temples après sa mort, mais jamais ni ce favori ni tant d'autres mignons qu'il avoit à sa cour n'osèrent se mêler des affaires de l'empire : un grand Prince de nos jours, qui aimoit passionnément les femmes, étant couché avec sa maîtresse, celle-ci, qui avoit été gagnée pour arracher le secret de l'état, crut que le moment d'extase alloit être suivi d'une confidence entière : elle osa s'expliquer ; mais le Prince ayant pris un miroir le lui présenta, en disant : « Tu » vois cette tête charmante ? elle est faite pour » les caresses de l'amour, mais non pour les » secrets de la politique : *Quantùm homini homo » præstat !* »

N.º 46.

# N. XLV.

*Vitellius & Asiaticus son affranchi : celui-ci lui offre une très-belle femme, & son frère L. Vitellius lui présente une table magnifiquement servie.*

Camée de Parthénius.

LES Empereurs qui avoient précédé Vitellius, au moins Tibère, Caligula & Néron, avoient été plus vicieux que lui, mais aucun d'eux ne fut si méprisable : son excessive gourmandise le déshonora aux yeux de tout l'empire : c'étoit en effet quelque chose de monstrueux que la passion de cet homme pour les excès de la table ; il aimoit les femmes, il étoit débauché avec les garçons, il avoit toujours un serrail à sa suite, mais tout cédoit à l'amour de la bonne chère : son principal favori étoit un jeune affranchi nommé Asiaticus ; & quoique l'humeur difficile & grossière de cet affranchi lui déplût, & qu'il l'eût même une fois chassé de chez lui, cependant il le rappelloit, ne trouvant personne plus vigoureux & plus infatigable que ce jeune homme : *Libertus Vitellii*

*Afiaticus, Polycletos, Patrobios, & vetera odiorum nomina aequabat : nemo in illa aulâ probitate atque induſtriâ certavit : unum ad potentiam iter prodigis epulis ſatiare inexplebilis Vitellii libidines.* (Tacit.)

L'Empereur aimoit auſſi paſſionnément une affranchie nommée Virginie, qui étoit d'accord avec Aſiaticus, lequel vouloit retenir le Prince dans ſes fers par tous les moyens poſſibles : il craignoit ſur-tout la magnificence de L. Vitellius frère de l'Empereur : Aſiaticus propoſoit des femmes, & Lucius des repas ſomptueux ; l'Empereur balançoit quelquefois, mais enfin la vue d'une table ſuperbement chargée de tout ce que le luxe & l'amour du plaiſir peut inventer le décida pour la bonne chère : c'eſt ce repas que Lucius donna à ſon frère, & qui fut célèbre dans toute l'antiquité, que Parthénius a gravé ſur cette pierre : *Famoſiſſima ſuper caeteras fuit coena ei data adventitia a fratre : in qua duo millia lectiſſimorum piſcium, ſeptem avium, appoſita tradantur.* (Sueton.) Tous les revenus de l'empire n'auroient pu ſuffire aux frais de ſa table : *Epularum foeda & inexplebilis libido : ex urbe atque Italia irritamenta gulae geſtabantur, ſtrepentibus ab utroque mari itineribus : exhauſti conviviorum apparatibus Principes civitatum : vaſtabantur ipſae civitates.* (Tacit.) Pétrone & Apicius n'approchèrent jamais d'une telle prodigalité ; auſſi

Dion Cassius nous assure, *Constare inter omnes eum, quo tempore Principatum tenuit, consumpsisse in coenas aureorum nonagies centena millia.*

Un bien plus grand homme que Vitellius ternit aussi la gloire de sa vie par une gourmandise outrée ; ce fut le grand Alexandre de qui Quinte-Curce, son historien, dit avec raison : *Ingentia animi bona, indolem, constantiam fidem, clementiam haud tolerabili vini cupiditate foedavit.* Tous ses crimes & tous ses malheurs furent causés par cette intempérance : c'est à table & après qu'il eut noyé sa raison dans le vin, qu'il mit le feu à Persépolis & qu'il tua son ami Clitus : il fit perdre la vie à Ephestion son favori à force de le plonger dans la débauche & dans le vin, & enfin il y succomba lui-même, à l'âge de trente-trois ans, au milieu de sa gloire & de ses espérances, quoique d'autres aient écrit qu'il avoit été empoisonné.

Parmi les successeurs de Vitellius, Héliogabale, que nous avons déja eu plusieurs occasions de citer, est le seul qui puisse lui être comparé pour la gourmandise & le luxe de la table ; il faudroit ici transcrire des pages entières de Lampridius : *Nunquam minus argenti libris triginta coenavit aliquando tribus millibus sestertium, coenasque Vitellii & Apicii vicit. Ad mare nunquam piscem comedit, in longissimis à mari locis omnia marina semper exhibuit : murenarum & luporum lactibus in locis mediterraneis pavit.* Ses profusions étoient énormes, l'or, les diamans, les parfums, les mets les plus délicats, les meubles les plus précieux, tout y étoit prodigué; il étoit devenu si voluptueux & si dédaigneux en même temps, *Ut in lucernis balsamum exhiberet, & mulieres nunquam iteraret praeter uxorem.* Messaline n'étoit pas moins volage avec ses amans : Traulus Montanus en fut la victime, *Is modesta juventa, sed corpore insigni, accitus ultrò, noctemque intra unam à Messalina perturbatus erat, paribus lasciviis ad cupidinem & fastidio.* Peut-être aussi que Traulus n'avoit pas assez de vigueur pour satisfaire une Messaline, car c'est une faute qu'une femme ne pardonne guères: tout autre outrage trouve grace à ses yeux, & l'on n'est jamais coupable auprès du sexe quand on sait réparer ses torts avec énergie.

> Oscula da flenti, Veneris da gaudia flenti
> Pax erit, hoc uno solvitur ira modo.
> Cum bene saevierit, cum certa videbitur hostis
> Tunc pete concubitus foedera, mitis erit.
> Illic depositis habitat concordia telis
> Illo, crede mihi, gratia nata loco est.
> Ergo age, & iratae medicamina fortia praebe,
> His ubi peccares restituendus eris.
> ( *Ovid. de art. am. lib. 2.* )

N.º 46.

# N. XLVI.
## Titus à table avec la Reine Bérénice.

*Camée de l'affranchi Néron.*

VESPASIEN père de Titus, fut un homme sage & très-réservé dans ses moeurs : après la mort de sa femme il s'attacha à la belle Cénis affranchie d'Antonia, & même étant devenu Empereur, il la tint dans son palais, presque avec les honneurs d'une épouse légitime : il survécut à Cénis, & lui substitua d'autres concubines, dont il usoit avec sobriété après qu'il avoit expédié les affaires les plus importantes : *Gestationi & quieti vacabat, accubante aliqua pallacarum quas in defunctae locum Cenidis plurimas constituerat.* (Suet.) Il étoit alors d'une humeur fort enjouée, & ceux qui l'environnoient savoient bien profiter de ces instans de repos & de gaieté : il aimoit les bons mots, & en disoit quelquefois de très-plaisans ; un jour qu'il avoit admis dans son lit une femme qui l'en avoit prié avec beaucoup d'empressement, comme si elle ne pouvoit vivre sans lui, Vespasien qui n'étoit pas la dupe de toutes ces simagrées, interrogé le lendemain par son intendant de quelle façon il coucheroit fur fon livre de comptes la fomme qu'on avoit donné à cette femme, répondit en riant: *Vefpafiano adamato.* Et fur la fin de fes jours, fe voyant dépérir à chaque inftant, il badinoit avec fes amis fur les honneurs qui l'attendoient après fes funérailles, & difoit : « Je m'apperçois que je deviens » Dieu ».

Titus fon fils, qui lui fuccéda, aimoit beaucoup les plaifirs, & s'y étoit adonné du vivant de fon père avec tout l'emportement de la jeuneffe, au point que les Romains craignoient beaucoup fon luxe, & l'accufoient de paffer les nuits entières dans la débauche : fes amours avec Bérénice Reine de Judée étoient connus de tout le monde : cette aimable Princeffe idolâtroit Titus, & en étoit adorée ; elle avoit tous les charmes de fon fexe, beaucoup d'efprit, tendre, magnifique, & d'une libéralité digne de fon rang; Titus paffoit auprès d'elle tout le temps qu'il pouvoit dérober à fes grandes occupations. Tous les deux enivrés d'amour, ils fe promettoient la plus heureufe deftinée : Titus lui avoit même promis de l'époufer, & dans cette efpérance, ils cherchoient à l'envi à fe donner les plus vives preuves de leur tendreffe & les fêtes les plus brillantes : leurs foupers étoient élégans, fomptueux & magnifiques ; le goût, la volupté & cette débauche modérée qui peut s'allier avec l'amour véritable y préfidoient ; les bouffons, les eunuques & des jeunes gens de l'un & de l'autre fexe y étoient admis, ils étoient nus, & leurs charmes étoient expofés aux yeux de tous les convives, Titus & Bérénice oublioient tout l'univers dans les bras l'un de l'autre & au milieu de tous ces plaifirs, & c'eft un femblable repas que le graveur a repréfenté fur ce camée, l'on les y voit l'un & l'autre à table entourés d'eunuques, de danfeurs & de danfeufes dans des attitudes très-lafcives.

Parmi les jeunes garçons qui fervoient dans ces repas ceux d'Alexandrie étoient les plus chéris : on les appelloit, felon Lucien, les délices de la table ; & Capitolin, dans la vie de l'Empereur Vérus, écrit : *Adduxerat fecum & fidicinas & libicines, & hiftriones, fcurrafque mimarios, & praeftigiatores, & omnia mancipiorum genera, quorum Syria, & Alexandria pafcitur voluptate.*

Les anciens en général aimoient beaucoup d'être fervis par des enfans bien faits :

. . . . . . . . . . . . . . ut omnes
Praecincti rectè pueri comptique miniftrent ?
(*Horat. Sat.* 8.)

Il y avoit même des écoles où l'on les élevoit avec tout le soin possible, & l'on choisissoit les plus jolis : *Hinc puerorum perspicuos cultu atque forma greges*, dit Sénèque, *Ep.* 113 ; & Ciceron en fait mention au livre 2, de finibus : *Adsint etiam formosi pueri qui ministrent.* On y joignoit de jeunes filles très-belles, & l'on étoit ainsi servi par Hébé & par Ganymède : Apulée nous en assure, appellant ces filles *Puellae scitulae ministrantes* ; & Phérécratès, dans des vers grecs cités dans Pétrone, dit que ces garçons & ces filles étoient la main & les yeux des repas, c'est-à-dire que leur ministère à table étoit accompagné du plaisir de voir leurs charmes & leurs beautés exposées sans voile aux regards de tous les conviés.

N.º 47.

# N. XLVII.
## Titus faisant ses adieux à la Reine Bérénice.
### Médaille.

Les craintes & les soupçons des Romains sur le caractère de Titus, s'évanouirent au moment qu'il fut maître de l'Empire : toutes les vertus l'accompagnèrent sur le trône, & ne l'abandonnèrent qu'avec la vie, il mérita le titre bien flatteur d'être l'amour & les délices du genre humain ; mais malheureusement sa vie fut trop courte pour le bonheur du monde, & l'on put dire avec raison alors ce que Virgile dit au liv. 6 de l'Enéide à l'occasion d'un Prince enlevé à la fleur de son âge :

.... Nimium vobis romana propago
Visa potens superi, propria haec si dona fuissent.

Le changement qui fut le plus remarqué en lui, ce fut sa conduite à l'égard de Bérénice : cette Reine charmante, si digne de toute la tendresse de l'Empereur, & dont il étoit toujours éperduement amoureux, se flattoit que le moment de sa félicité étoit enfin arrivé ; mais Titus, qui savoit que les Romains avoient les yeux fixés sur lui, que ce moment alloit décider de l'idée qu'ils devoient concevoir de lui, eut le courage de surmonter sa passion, & de sacrifier son bonheur aux loix de Rome & à la tranquillité de l'empire, &

il la renvoya peu de jours après son exaltation: *Titus reginam Berenicem dimisit, invitus, invitam.* La Reine partit le désespoir dans le cœur, Titus n'étoit pas moins affligé ; mais il conserva sa dignité dans les tendres adieux qu'il fit à Bérénice ; les Romains applaudirent à cette action héroïque de l'Empereur, & dès-lors ils se promirent de lui tout le bonheur qu'ils en éprouvèrent dans la suite : & peut-être que si Titus se fût obstiné à garder la Reine, s'il avoit osé l'épouser, jamais les Romains ne l'auroient souffert ; on sait en effet l'aversion qu'ils avoient pour tout ce qui portoit le nom de Roi, & aucun de ces méchans Empereurs qui régnèrent avant Titus, & qui leur firent éprouver les horreurs du plus affreux esclavage, aucun n'osa prendre le titre de Roi, ni épouser une Reine. César, le grand César, qui avoit violé toutes les loix pour s'emparer de l'autorité absolue, n'avoit jamais osé porter son despotisme jusqu'à se déclarer l'époux de Cléopatre, quoiqu'il eût d'elle un fils, & qu'il souhaitât passionnément de laisser un héritier & un successeur de son sang. Marc Antoine, qui n'eut pas cette délicatesse & cet égard pour l'orgueil des Romains, fut abandonné de tous ses amis, & déclaré l'ennemi du peuple romain dès qu'on apprit qu'il avoit reconnu Cléopatre pour sa femme, qu'il avoit désigné pour ses successeurs les enfans qu'il en avoit eu, & qu'il alloit combattre pour faire régner une Reine d'Egypte sur le Capitole :

. . . . . . . dum Capitolio
Regina dementes ruinas
Funus, & Imperio parabat.
(*Horat. Od.* 37, *lib.* I.)

Lucain s'exprime avec encore plus d'enthousiasme, & dit que le sort de la bataille fut long-temps douteux près d'Actium, & que pendant quelques instans une Reine, qui n'avoit pas même l'honneur d'être matrone Romaine, faillit à devenir la maîtresse de l'univers.

Leucadioque fuit dubius sub gurgite casus
An mundum ne nostra quidem matrona teneret.
(*Lucan. Phars. lib.* 10.)

Plutarque, dans la vie d'Antoine, fait là-dessus une réflexion très-judicieuse; quelle grande idée, dit-il, ne falloit-il pas avoir d'Antoine & des Romains en général, pour trouver indigne de lui un mariage avec une Reine, qui en magnificence, en richesses, en noblesse & en gloire, surpassoit tous les Rois de son temps? Mais les Romains sur cet article furent toujours inflexibles, & l'on vit même des questeurs ou des affranchis recherchés par des Reines, les refuser, ou devenir eux & leurs femmes les objets du mépris public lorsqu'ils les épousèrent. Cornélie, mere des Gracques, se crut offensée quand Ptolomée Roi d'Egypte la demanda en mariage après la mort de son époux Tibère, & du temps d'Auguste le peuple Romain eut beaucoup de peine à consentir que la jeune Cléopatre épousât Juba Roi de Mauritanie, parce qu'elle étoit fille d'Antoine, quoiqu'elle eût une Reine pour mère. Un Citoyen Romain se croyoit bien au-dessus de tous les Rois de la terre, &

rien n'a tant contribué à rendre les Romains invincibles que cette grandeur d'ame qui leur faifoit méprifer tout ce qui n'étoit pas Rome : la patrie & la gloire, voilà les deux divinités à qui un Romain facrifioit.

> Vincit amor patriae, laudumque immenfa cupido.
> (*Virg. Aeneid. lib. 6.*)

Et Horace, tout rempli de la grandeur & de la majefté du nom Romain, s'écrie :

> Milefne Craffi conjuge barbarâ
> Turpis maritus vixit !
> (*Od. 5. lib. 3.*)

Les jeunes filles avoient la même hauteur & les mêmes fentimens : pendant le fiége d'Utique, dans ce moment où les affaires de Caton étoient défefpérées, une de fes filles recherchée en mariage par un Roi d'Afrique, fon allié, bleffée de fa hardieffe, ofa fe plaindre, fi nous en croyons Valère Maxime, de ce qu'un barbare, un chef d'efclaves, ofoit porter fes vues fur une fille de Caton, fur une citoyenne Romaine, fur une Dame qui refpira dès fa naiffance la liberté & l'air triomphant du Tibre & du Capitole : Cynéas avoit bien raifon d'appeller le Sénat une affemblée de Rois, & le peuple Romain mérita bien ce grand titre qu'on lui donna, *Populum late regem, terraeque dominatorem.* Virgile en a tracé dans peu de vers un portrait digne de la majefté de l'original :

> Tu regere imperio populos, Romane, memento
> Hae tibi erunt artes; victis imponere morem
> Parcere fubjectis, & debellare fuperbos.
> (*Aeneid. lib. 6.*)

N.48.

# N. XLVIII.

*Domitien Empereur, entre Domitia sa femme, & Julie sa nièce : il embrasse Domitia, & repousse Julie.*

Camée de Parthénius d'Athènes.

JAMAIS l'on ne répandit de larmes si sincères & si abondantes que celles que versèrent les Romains aux funérailles de Titus : ce bon Empereur ne régna que trois ans ; une maladie lente & inconnue le consuma peu à peu, & l'on ne douta point que son frère Domitien n'eût contribué à avancer la fin d'une si belle vie. Titus se plaignant avec douceur de la cruauté de sa destinée, ne se repentoit que d'une seule faute : on a beaucoup cherché qu'elle étoit cette faute ; quelques-uns ont osé soupçonner que c'étoit un commerce criminel avec Domitia sa belle-sœur, dont il s'accusoit ; mais les plus sages & les plus éclairés ne doutoient pas que ce fût de n'avoir pas prévenu les desseins d'un frère si méchant, & d'abandonner l'empire à ce monstre : en effet Domitien, qui lui succéda, méritoit ce titre odieux ; son adolescence avoit été infame, & Clodius Pollion conservoit une de ses lettres par laquelle il offroit de s'abandonner une nuit à ses caresses ; d'autres l'ont accusé de s'être prostitué à Nerva qui fut ensuite son successeur. A peine eut-il été déclaré César, qu'il se conduisit en maître avec un tel despotisme, qu'on put dès-lors prévoir ce qu'il feroit un jour ; il distribua vingt emplois dans une seule journée, & Vespasien son père disoit là-dessus assez plaisamment, « Qu'il s'étonnoit que son fils ne lui nommât » pas un successeur ».

Domitien étoit d'une belle figure, mais il perdit ses cheveux de bonne heure, & en fut très-fâché : il n'eut que cela de commun avec le grand César ; il souffroit ce malheur avec tant d'impatience, qu'il ne vouloit pas même qu'on badinât les autres sur cet article ; cependant dans un petit écrit qu'il composa sur le soin qu'on doit prendre des cheveux, il dit à l'ami à qui il l'adressa, pour le consoler de leur commune disgrace, *Nonne vides quam ego & pulcher & magnus ? eadem me tamen manent capillorum fata & forti animo fero comam in adolescentia senescentem. Scias nec gratiùs quidquam decore, nec breviùs.* ( Sueton. ) Un ancien poëte grec dit que les beaux cheveux sont les délices des jeunes filles ; mais chez les Romains les hommes en étoient pour le moins auſſi vains que les femmes, & nous liſons dans Pétrone une plainte bien touchante ſur quelqu'un à qui ils étoient tombés :

> Quod ſummum formae decus eſt, cecidere capilli :
> Vernanteſque comas triſtis abegit hiems.
> Nunc umbra nudata ſua jam tempora moerent.
> Areaque attritis nitet aduſta pilis.

Domitien avoit tous les vices, mais il étoit ſur-tout impudique & cruel; après qu'il eut abuſé de pluſieurs matrones très-reſpectables, il ſe maria à Domitia après l'avoir enlevée à Aelius Lamia ſon époux : il en fut ſi paſſionné qu'il refuſa d'épouſer Julie fille de ſon frère, qui l'aimoit, & que Veſpaſien & Titus vouloient lui donner. Il fut inébranlable, & il fut chercher à Julie un autre époux; c'eſt à ce trait d'hiſtoire que fait alluſion ce camée de Parthénius. Cette Domitia qu'il préféroit à Julie étoit une débauchée, qui s'étoit livrée à Pâris fameux hiſtrion, avec lequel elle entretenoit un commerce ſcandaleux & public : Domitien en fut informé, & la répudia; mais peu de temps après, ne pouvant vivre ſans elle, il la rappella, feignant d'en avoir été ſupplié par le peuple, & il conſerva toujours, malgré ſes fréquentes débauches, beaucoup d'amour pour cette femme impudique, dont il n'étoit aſſurément point aimé. Quoique l'Empereur eût fait mourir Pâris, & même un de ses disciples qui étoit innocent, mais parce qu'il ressembloit à son maître, elle ne cessa de le déshonorer par ses adultères, & les pantomimes, les histrions & les comédiens étoient ses favoris; en cela elle suivoit le goût de plusieurs Impératrices & d'autres Dames romaines qui étoient passionnées pour ces sortes de gens : nous en avons rapporté plusieurs exemples, & il est inutile d'en citer davantage; mais l'exemple de Domitia, qui malgré ses vices & ses infidélités régna toujours sur le coeur de Domitien, est une preuve que l'amour est aveugle & sans raison : les anciens expliquoient tout cela par l'allégorie de l'amour armé de traits d'or & de plomb, & par un tableau agréable où ce petit Dieu suivoit les yeux bandés la folie qui le guidoit; c'est à cela que fait allusion cette épigramme grecque de Rufin que l'on trouve dans l'anthologie, & dont voici la traduction :

Siquidem in utrumque aequales amor sagittas tendis
*Deus es;* si vero inclinas ad partem, non es Deus.

Et cette autre d'Agathias, adressée à un amant qui avoit témoigné de la prudence dans sa passion, & dont voici la fin :

Cognovisti; non amas, mentitus es; quomodo potest enim
Anima insanire rectè ratiocinanti?

N.º 49.

# N. XLIX.

*Domitien aux genoux de Julie, qui le repousse à son tour, & lui fait signe de s'attacher à Domitia, qui en même temps embrasse un jeune danseur dont elle étoit éprise.*

Médaille.

Domitien refusa d'aimer & d'épouser Julie, quand il le pouvoit sans crime ; & à peine fut-il le maître qu'il vécut avec elle comme avec sa femme, couchant avec sa nièce, & en même temps avec Domitia. Julie résista long-temps, & le refusoit à son tour : elle lui faisoit, par mépris, regarder Domitia dans les bras de ses amans, & ne céda enfin que par force aux empressemens d'un homme qui pouvoit tout ce qu'il vouloit ; c'est ce contraste de Julie, de l'Empereur & de Domitia qu'on a sans doute voulu représenter dans cette belle médaille. Domitien ne jouit pas long-temps de son crime, il voulut la forcer à perdre le fruit qu'elle avoit conçu de lui, & la malheureuse Julie succomba sous la violence des remèdes qu'on lui donnoit: *Fratris filiam ardentissimè palamque dilexit ; ut etiam caussa mortis extiterit, coactae conceptum a se abigere.*

Les jeunes filles ont été de tout temps accusées d'un tel crime, ou pour cacher leur déshonneur, ou pour éviter les douleurs de l'accouchement, ou même pour conserver leur beauté ; Ovide s'en plaint amérement :

> Scilicet ut careat rugarum crimine venter
> Sternetur pugnae tristis arena tuae.
> Si mos antiquis placuisset matribus idem,
> Gens hominum vitio deperitura fuit ! . . . . .
> Vestra quid effoditis subjectis viscera telis ?
> Et nondum natis dira venena datis ? . . . . .
> At tenerae faciunt, sed non impunè, puellae,
> Saepe suos utero quae necat, ipsa perit.
> *( Ovid. amor. lib. 1.)*

Domitien fut sensible à cette mort qui le rendit très-odieux au peuple Romain. Julie étoit adorée comme la fille du bon Titus; ce bon Prince n'avoit point laissé d'enfant mâle, & Julie étoit tout ce qui restoit de lui : ses funérailles furent très-solemnelles, & le peuple ne cessa de pleurer sur l'extinction de la maison de Titus, & de maudire Domitien : il en fut si piqué, qu'il devint plus cruel que jamais ; les louanges qu'on donne aux gens de bien paroissent des reproches aux méchans qui n'en deviennent que plus furieux : en effet, l'Empereur jaloux de la tendresse qu'on avoit pour son cousin Flavius & ses enfans, & bien certain d'être en horreur à tout le monde, fit mourir Flavius & toute sa famille sur des soupçons très-légers ; il auroit voulu être le destructeur du genre humain, & un jour que quelqu'un disoit en sa présence ce mot connu, *Me mortuo misceatur terra igni* ; il répondit comme Néron, *Immò, inquit, me vivo.*

Si l'on excepte Auguste, qui ne paroît pas avoir essuyé aucun affront de la part de Livie, on ne trouvera aucun Empereur qui n'ait été déshonoré par sa femme : César fut obligé de répudier la sienne à cause de son commerce avec Clodius : Julie fut si débauchée que Tibère, ne pouvant la souffrir & n'osant l'accuser, prit le parti de se retirer à Rhodes : Césonie femme de Caligula, Messaline & Agrippine de Claude, Poppea de Néron, & Domitia de Domitien, furent les plus infames prostituées de leur temps. Et comment auroient-elles pu être chastes & vertueuses dans un siècle si corrompu, avec des maris qui s'abandonnoient à toutes sortes d'abominations, dans une cour voluptueuse & au milieu de tous les plaisirs que Juvénal appelle avec raison *Veneris irritamenta* ? Aussi la dépravation dans le sexe fut si universelle, qu'une femme honnête & réservée étoit un prodige, aussi rare qu'un homme vertueux.

> Unus Iberinae vir sufficit! ocius illud
> Extorquebis, ut haec oculo contenta sit uno.....
> Porticibusne tibi monstratur femina voto
> Digna tuo? cuneis an habent spectacula totis
> Quod securus ames, quodque inde excerpere possis?
> (*Juven. Sat.* 6.)

Les femmes étoient si corrompues & si hardies, qu'elles n'avoient plus ni pudeur ni décence; elles se faisoient une gloire de leurs débauches, & il falloit que leurs amans, plus discrets, les priassent, non d'être chastes & fidelles, mais au moins de garder les bienséances :

> Non ego, ne pecces, cum sis formosa, recuso,
> Sed ne misero scire necesse mihi.
> Nec te nostra jubet fieri censura pudicam,
> Sed tamen ut tentes dissimulare, rogat.
> Quis furor est, quae nocti latent, in luce fateri,
> Et quae clam facias facta referre palam.
> (*Ovid.*)

Aussi Sulpicie écrivoit-elle publiquement :

> Tandem venit amor, qualem texisse pudori
> Quam nudasse alicui sit mihi fama magis.
> Exorata meis illum Cytherea Camoenis
> Attulit in nostrum, deposuitque sinum......
> Sed peccasse juvat; vultus componere famae
> Taedet, cùm digno digna fuisse ferar.
> (*Tibull. lib.* 4, *Eleg.* 7.)

N.50.

# N. L.

## *Domitien qui nage au milieu d'une troupe de femmes.*

<small>Peinture antique.</small>

SUETONE, qui a parlé avec une espèce d'affectation & de complaisance de l'extrême lubricité de Tibère, de Caligula & de Néron, & qui a fait des descriptions très-détaillées des débauches de ces Princes, s'est expliqué avec encore plus de clarté & de précision sur l'article de Domitien ; voici ses paroles, qui font le sujet de cette peinture assez bien conservée, par laquelle l'on a jugé à propos de terminer ce recueil : Domitien étoit, dit-il dans sa vie, *Libidinis nimiae, assiduitatem concubitus velut exercitationis genus, clinopalen vocabat. Eratque fama, quasi concubinas ipse divelleret, nataretque inter vulgatissimas meretrices.* Cette singulière idée de considérer l'usage des plaisirs de Vénus comme un exercice du corps, tel que le besoin de boire & de manger, a été du goût de plusieurs anciens qui ne regardoient guères les femmes que comme un meuble d'usage, & Plutarque paroît accuser là-dessus assez directement

Caton le Censeur ; ce même philosophe n'a pas dédaigné d'examiner quelle heure étoit la plus favorable aux plaisirs de l'amour, & il se décide pour le matin après que le corps a puisé dans le repos une vigueur nouvelle. Les Lacédémoniens avoient une loi qui obligeoit les maris à coucher au moins cinq fois chaque mois avec leurs femmes, & tous les hommes jeunes & vieux y étoient soumis : c'est encore le même Plutarque qui nous l'apprend ; assurément les femmes ne seroient pas toutes satisfaites de la modération de Sparte, elles aimeroient mieux des Domitiens *qui assiduitatem concubitus exercerent.* Elles sont foibles & délicates, mais elles sont infatigables dans les plaisirs de Vénus, elles s'y fatiguent moins que les hommes, & y jouissent cependant bien davantage ; aussi Tirésias ne méritoit pas d'être puni par Junon pour avoir décidé en faveur du sexe dans la dispute qu'elle avoit à ce sujet avec Jupiter : le sénat des Dames romaines, consulté par Messaline, répondit qu'une femme n'avoit pas droit d'exiger d'un homme au-delà de sept preuves de son amour ; c'est beaucoup, & il est permis de douter qu'il y ait assez de jeunes gens en état de s'en acquitter exactement ; Ovide se vante un peu, quand pour se justifier d'une mauvaife contenance qu'il avoit eue avec fa maîtreffe, il affure :

> At nuper bis flava Chloe, ter candida Pitho,
> Ter Libas officio continuata meo eft.
> Exigere a nobis angufta nocte Corinnam
> Et memini numeros fuftinuiffe novem.

L'hiftoire de Poliénus, dans Pétrone, eft très-plaifante ; & la belle Circé, trompée deux fois, fe vengea cruellement fur fon amant : *Qui truncus iners jacuerat & inutile lignum.* Tous les connoiffeurs font d'accord qu'une femme, fans être une Meffaline, une Théodora, une Zoë, eft en état de fatisfaire plufieurs galans ; & jamais, ni Hercule, ni Adonis, ni les plus grands favoris de Vénus n'égaleront les trois Princeffes que nous venons de nommer, & fur-tout Meffaline qui fatigua, felon Pline, quatorze athlètes très-vigoureux, & fortit victorieufe d'un fi rude combat.

La pudeur eft un frein, dit J. J. Rouffeau, que la nature a donné au fexe ; fans cela, le befoin, l'amour, le plaifir qu'elles reffentent, bien plus vif & plus multiplié que les hommes, en feroient des proftituées : ajoutez à cela leur délicateffe, leur plus grande fenfibilité, leur folitude, leur oifiveté, la frivolité de leurs occupations, la féduction des hommes, &

l'on cessera d'être surpris que l'amour soit si puissant sur les femmes, & les entraîne souvent dans les plus grands désordres. Ovide, qui les connoissoit, n'avoit pas tort de dire :

> Utque viro furtiva Venus, sic grata puellae est,
> Vir malè dissimulat, tectius illa cupit.
> Conveniat maribus, ne quam nos ante rogemus
> Foemina jam partes victa rogantis aget.
> Parcior in nobis, nec tam furiosa libido est.

L'auteur grec de l'épigramme suivante en donne une raison très-plausible, au moins pour le temps où les Dames vivoient très-retirées :

> Juvenibus non est tantus amor qualis nobis
> Pusillanimibus adest mulieribus.
> His enim adsunt aequales, quibus curarum
> Dolores dicunt sermone confidenti
> Ludicraque circumstant solatia, & circa vicos
> Errant tabularum picturis vagabundi
> Nobis vero neque lucem videre fas est, sed aedibus
> Abscondimur, tenebricosis curis contabefactae.
> 
> (*Agath. Epigr.* 42, *lib.* 7.)

www.ingramcontent.com/pod-product-compliance
Lightning Source LLC
Chambersburg PA
CBHW070751170426
43200CB00007B/734